"Nossa Mãe"

Madre Tereza Margarida

Frei Patrício Sciadini, OCD

"Nossa mãe"

Madre Tereza Margarida

O Sorriso de Deus

Edições Loyola

Preparação: Tarsila Doná
Capa: Ronaldo Hideo Inoue
Composição sobre a foto de Madre Tereza Margarida. Na primeira orelha, detalhe do jardim interno do Carmelo de São José, Três Pontas (MG). Fotos cedidas pelo arquivo do Carmelo de São José.
Diagramação: Maurelio Barbosa
Fotos: Acervo do Carmelo de São José, Três Pontas, MG.
Ilustrações: © Gizele, © smotrivnebo, © Adobe Stock.

Edições Loyola Jesuítas
Rua 1822 nº 341 – Ipiranga
04216-000 São Paulo, SP
T 55 11 3385 8500/8501, 2063 4275
editorial@loyola.com.br
vendas@loyola.com.br
www.loyola.com.br

Todos os direitos reservados. Nenhuma parte desta obra pode ser reproduzida ou transmitida por qualquer forma e/ou quaisquer meios (eletrônico ou mecânico, incluindo fotocópia e gravação) ou arquivada em qualquer sistema ou banco de dados sem permissão escrita da Editora.

ISBN 978-65-5504-396-9

© EDIÇÕES LOYOLA, São Paulo, Brasil, 2024
108397

SUMÁRIO

AGRADECIMENTOS 9

PREFÁCIO 11

CRONOLOGIA 15

FAMÍLIA – INFÂNCIA – JUVENTUDE 21
    Na noite de natal nasce um santo 21
    Precisa sair de Borda da Mata 25
    A conversão do pai 28
    Partir… É um pouco morrer 31
    O encontro com Santa Teresinha 33

O CHAMADO 37
    Não fostes vós que me escolhestes 37
    Pegarei um livro e ele me dirá 39

NO CARMELO 45
    Vamos partir 45
    Não ter o que fazer 51
    Alegria e… Desilusão 54
    Os sapatinhos de Jesus 56
    Podia sozinha levar à frente a paróquia 61
    Quem ama vê, sofre e cala 64

DE MOGI PARA APARECIDA 71
    Para Aparecida 71

PREPARATIVOS PARA A FUNDAÇÃO 79
   Três tentações que nunca tive.. 79
   Os mestres do Carmelo 85
   Os mimos de Deus… Fruto da amizade 86
   Dê-nos o espírito do Carmelo 87
   Dona Nhanhá... 89

A FUNDAÇÃO 95
   A festa terminou.. 95
   São José começa a trabalhar 98

A CONSTRUÇÃO 103
   Em coração de mãe sempre cabe mais um........................... 103
   A conversão de Nossa Mãe 108
   Tijolos vivos na construção do carmelo 110

O CONVENTO DEFINITIVO 115
   22 de janeiro de 1969 115
   Nossa ministra da eucaristia 118
   Monjas empresárias.. 120

UM SÓ CORAÇÃO, UM SÓ CARISMA 125
   Faltava uma coisa. O quê? 125
   Centenário de Santa Teresinha 128

O CÉU É LOGO ALI 137
   A cruz da saudade é grande 137

GRATIDÃO... 143
   Os pequenos benfeitores... 143
   Bodas de ouro... 145
   Eu aprendo para doar 148

A MISSÃO DO CARMELO SÃO JOSÉ 153
   Uma lâmpada no candelabro 153
   Teresa faz tudo bem – Prova-o o carmelo de Três Pontas 155

A DOENÇA 159
   Os santos são cabeçudos 159
   Celebrando a sua eucaristia 162
   Testamento espiritual 165
   A minha alma glorifica o Senhor 168

NOSSA MÃE FORMADORA 173
   O Brasil, o mundo, o Carmelo seriam mais pobres 176

A MORTE E O PROCESSO DE BEATIFICAÇÃO 181
   Morreu Nossa Mãe 181
   Voto de tender à perfeição da caridade fraterna 183
   O processo de beatificação 187
   Oração para beatificação 191

MEMÓRIA FOTOGRÁFICA 193

AGRADECIMENTOS

"Deus gosta de achar a gratidão nos seus filhos."
(Nossa Mãe)

Nossa Mãe era muito grata por tudo o que fazíamos para ela. Não deixava ninguém sem um agradecimento, uma cartinha, um bilhete, um telefonema. Era profundamente agradecida por todos os benefícios recebidos. Quantas vezes a ouvimos dizer: "Temos que ser muito agradecidas. Como Deus é bom! Nossa casa é um canto de gratidão a todos os nossos familiares e amigos, pois todos nos ajudam, cada um com mais amizade que o outro".

Gratidão é o que sentimos ao receber de presente esta pérola, o livro *"Nossa Mãe" Madre Tereza Margarida: o sorriso de Deus*.

Nossos corações se unem para agradecer ao nosso querido frei Patrício, que, com singeleza e simplicidade, conseguiu transmitir, por meio de suas palavras, traços marcantes da personalidade e carisma dessa carmelita que soube "passar pela vida fazendo o bem".

Temos certeza de que este livro fará bem a todos que o lerem. Poderão sentir a leveza e a alegria que Nossa Mãe transmitia de uma vida "toda de Deus e toda dos irmãos". Uma carmelita feliz, que se sentiu amada e amou a todos sem distinção.

Deus o pague, frei Patrício!

Cantemos as maravilhas que Deus realizou por meio de sua pequena e humilde serva.

Glória ao Pai, ao Filho e ao Espírito Santo!

PREFÁCIO

Não sou um escritor. Nossa Mãe merecia alguém mais capaz do que eu para narrar sua vida, que é um cântico de amor a Deus, um cântico à vida, ao Carmelo. Mas, como diz o ditado brasileiro, "quem não tem cão, caça com gato". E, às vezes, os gatos podem até caçar melhor que labradores. Este é um livro de amor, de admiração, de respeito, sobre alguém que eu considero e chamo "minha mãe e minha mestra". É mestra pela sua sabedoria. Ela, com seu silêncio, com suas palavras sussurradas ao pé do ouvido, tem me ensinado tantas coisas, como saber acolher as opiniões diferentes com amor e respeito, saber escutar e considerar o Carmelo como algo maior do que nós mesmos.

Nossa Mãe era capaz de destruir as paredes mais duras – não com violência, mas com paciência: "água mole em pedra dura, tanto bate até que fura". Tudo era feito com extremo amor, mas com uma insistência que lhe era própria. Era mineira, e os mineiros não desanimam com facilidade. Eles repetem sempre as mesmas coisas até que você se convença de que é isso mesmo.

Lendo os escritos, especialmente a autobiografia de Nossa Mãe, encontramos palavras-chave que ela repete com a arte de um maestro que rege a música com calma. Uma das palavras é "alegria". Uma alegria que não é barulhenta nem agressiva, mas silenciosa como a chuva mansa que fecunda a terra; uma alegria que nascia de um coração que tinha dado tudo e conhecia ao mesmo tempo a riqueza interior; a alegria de ter nascido; a alegria de ter tido pais generosos e trabalhadores; a alegria de ter tido muitos irmãos e irmãs e um irmão, arcebispo de Belo Horizonte, isso era para ela uma alegria, não triunfalista, mas de serviço à Igreja.

A palavra "esperança" também faz parte da vida de Nossa Mãe. Ela sabia esperar o momento certo em que Deus se revelaria. Não corria, queria que tudo acontecesse na hora oportuna, quando fosse a vontade de Deus. Podemos ver essa esperança paciente na fundação do carmelo de Três Pontas, mas também na sua capacidade de ser presença no carmelo de Mogi das Cruzes, no de Aparecida e no de Santos. Deus a preparou para grandes coisas. Uma esperança que se faz solidariedade com os pobres, com os sacerdotes, com o povo. Ela não conserva nada para si mesma, mas tudo doa com um espírito generoso.

"Oração" – A escolha do Carmelo pode ter sido casual, porque ela era apenas mais uma menina do colégio que lá ingressava. Mas, uma vez no Carmelo, ela o assumiu com toda a sua riqueza e carisma, formando dentro de si uma identidade "carmelitana", como vi em poucas pessoas na minha vida. Ela amava o Carmelo. Em muitas passagens, declara um amor aberto, confiante e público.

Estou convencido de que este livro, feito mais de palavras de Nossa Mãe do que minhas, vai fazer um bem imenso aos que o lerem. Em Nossa Mãe encontramos um entusiasmo que se alimenta não de sentimento, mas de fé. Ela passa por noites escuras e dificuldades, mas o entusiasmo alimentado de fé não diminui – aliás, aumenta. Quando, em 1946, emite o quarto voto de fazer o mais perfeito, de se doar totalmente através da meditação da paixão do Senhor, vai crescendo em generosidade e se torna chama, que queima dentro de si e propaga o fogo a quem dela se aproxima...

O que comove e contagia em Nossa Mãe são as suas canções – poucas, mas profundas. O centro de sua vida é Jesus, a Virgem Maria e São José e depois os outros santos do Carmelo, que ela não estuda, mas à cuja escuta se coloca como fiel discípula.

A sua visão do Carmelo é como uma "casa de todos". Aí as pessoas vão depositar no seu coração sofrimentos, dores, alegrias, esperanças, angústias, sonhos... Ela tudo acolhe e, como mãe, abençoa

PREFÁCIO

e dá conselhos, dizendo: "Meu filho", "Minha filha". São palavras que ficam gravadas no coração – palavras não escritas em livros nem em pedra, mas na carne viva de quem delas tinha necessidade. Não fazia distinção de pessoas: todos são filhos de Deus.

O "amor à Igreja" – A Igreja, para Nossa Mãe, não é uma realidade abstrata, mas concreta. É a humanidade, na qual todos os que buscam a Deus são Igreja, são comunidade. O amor que tinha pela hierarquia da Igreja era muito forte: saber escutar e, ao mesmo tempo, abrir caminhos novos dentro do Carmelo. Quem tem um coração como o de Cristo não pode, de forma alguma, se "fechar a ninguém", mas sabe acolher a todos com ternura.

Você, lendo este livro, descobrirá coisas que nem mesmo eu fui capaz de descobrir. Coloquei no livro não cultura, que não tenho, mas amor, devoção e respeito. Agora que ela é "venerável", podemos invocá-la. E ela, sem dúvida, atenderá com o mesmo amor que demonstrava quando estava entre nós, e irá sussurrar ao pé do ouvido de Jesus para que ele atenda os nossos pedidos.

O autor

CRONOLOGIA

03/10/1889 – Nasce o pai, Francisco Marques da Costa Júnior.

20/06/1890 – Nasce a mãe, Mariana Rezende Costa.

24/12/1915 – Nascimento em Borda da Mata (MG).

10/02/1916 – Batismo na igreja Nossa Senhora do Carmo, hoje basílica de Borda da Mata (MG).

17/03/1917 – Crisma na igreja de Nossa Senhora do Carmo, em Borda da Mata (MG).

Fevereiro de 1919 – Transferência da família Rezende Costa para a cidade de Cruzeiro (SP).

15/07/1921 – Primeira comunhão de seu pai, Francisco Marques da Costa Júnior.

29/05/1937 – Entrada no carmelo Santa Teresinha, em Mogi das Cruzes (SP).

20/06/1937 – Falecimento de seu pai, Francisco Marques da Costa Júnior.

16/01/1938 – Recebeu o hábito de carmelita descalça, mudando seu nome para irmã Tereza Margarida do Coração de Maria.

02/02/1939 – Profissão simples.

02/02/1942 – Profissão solene.

1942 – Nomeada ajudante de noviciado no carmelo de Aparecida (SP).

1946 – Festa do Bom Pastor, em que fez o voto de tender sempre para a perfeição da caridade fraterna.

17/09/1946 – Eleita vice-priora do carmelo de Aparecida.

23/12/1949 – Reeleita vice-priora do carmelo de Aparecida.

1952 – Mestra das noviças e responsável pelas irmãs externas do carmelo de Aparecida.

07/12/1952 – Transferência da comunidade do carmelo de Mogi das Cruzes para o novo carmelo em Aparecida (SP).

1953 – Retiro anual – Renovação do voto de sempre tender à perfeição da caridade fraterna, assinado com seu próprio sangue, feito nas mãos da madre Raymunda.

17/02/1956 – Eleita vice-priora do carmelo de Aparecida.

1958-1959 – Inspiração da fundação do carmelo de Três Pontas.

16/07/1962 – FUNDAÇÃO DO CARMELO SÃO JOSÉ – Três Pontas (MG).

1966 – Graça recebida durante a oração da *Via Sacra* que muda a sua severidade nos regulamentos, em busca somente do amor.

22/01/1969 – Transferência da comunidade do carmelo São José para sua sede definitiva.

CRONOLOGIA

1972-1984 – Eleita priora por quatro triênios consecutivos.

21/02/1985 - Eleita 2ª conselheira.

20/02/1988 – Eleita priora.

21/02/1991 - Eleita 2ª conselheira.

21/02/1994 – Eleita 1ª conselheira.

17/03/1997 - Eleita 2ª conselheira.

10/02/1998 – Diagnóstico do câncer de mama.

14/04/2000 – Eleita 2ª conselheira.

02/08/2003 – Reeleita 2ª conselheira.

14/11/2005 – À 1h45min, na enfermaria do carmelo, entrega sua alma a Deus, contando 89 anos de idade.

06/07/2011 – O Dicastério para a Causa dos Santos expede o *Nihil Obstat*, declarando não haver impedimento à introdução da causa de beatificação. Dr. Paolo Vilotta é nomeado postulador.

26/02/2012 – Exumação dos restos mortais.

04/03/2012 – Abertura do processo canônico.

12/05/2013 – Encerramento do processo canônico na fase diocesana.

05/09/2013 – Entrega dos trabalhos do Tribunal Eclesiástico no Dicastério para a Causa dos Santos.

28/04/2014 – Decreto de validade jurídica e início da fase romana.

21/07/2020 – Conclusão da *Positio*.

09/06/2022 – Congresso dos teólogos com votos unânimes e favoráveis.

18/04/2023 – Ordinária dos cardeais, bispos e teólogos com votos unânimes e favoráveis sobre as virtudes heroicas.

20/05/2023 – O papa Francisco assinou o decreto, concedendo à Nossa Mãe o título de "venerável", ou seja, que viveu em grau heroico as virtudes teologais, cardeais e anexas.

15/07/2023 – Missa em ação de graças pela venerabilidade de Nossa Mãe, no santuário Nossa Senhora d'Ajuda. Aniversário de 61 anos da chegada das fundadoras em Três Pontas (MG).

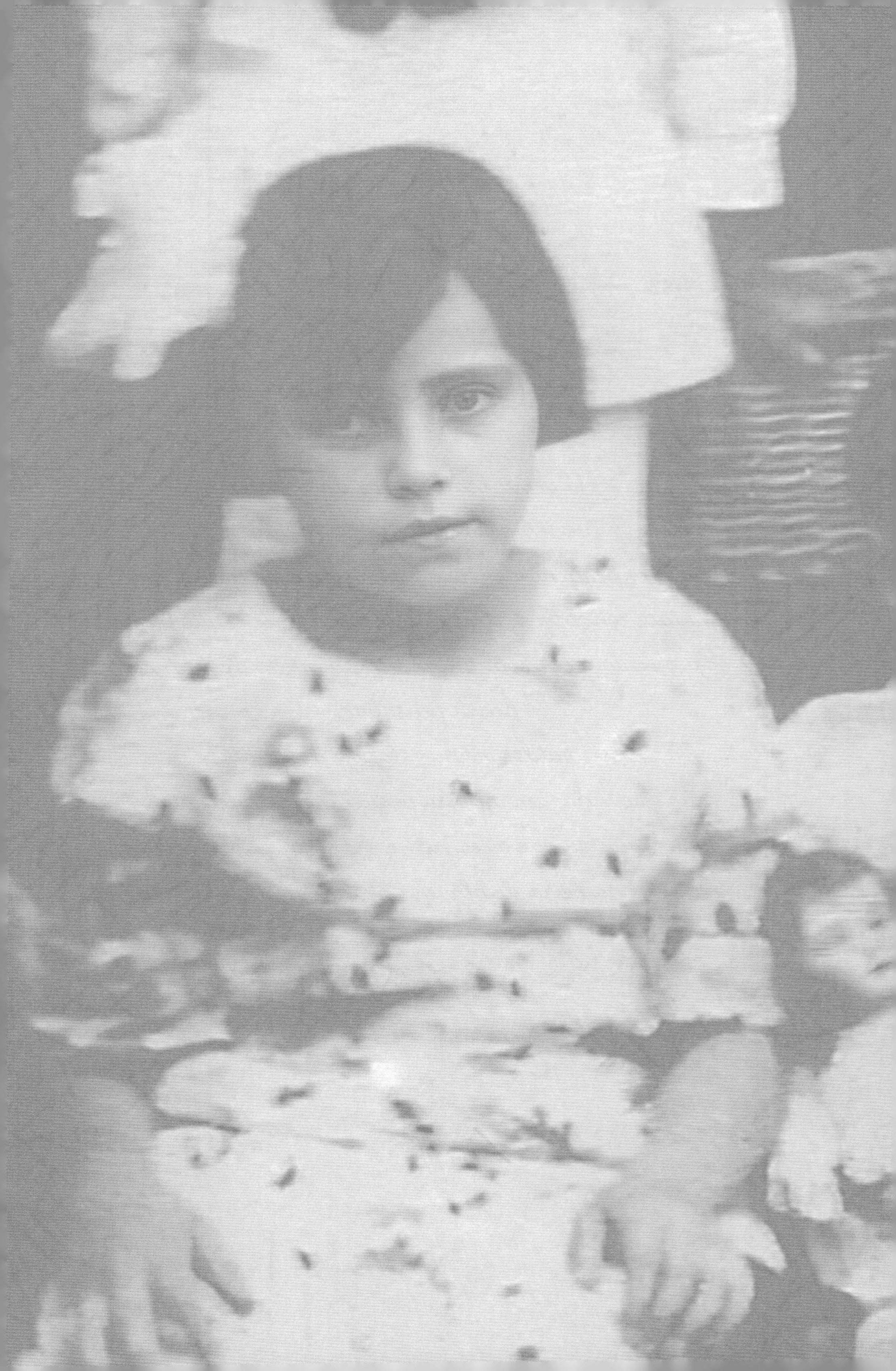

"Há umas lembranças da Borda
que sempre me voltam à mente.
Eu, pequenina, ficava escutando à tardinha
uns ruídos longínquos, misteriosos, vindos de muito longe...
Eu olhava o céu e, na minha imaginação de criança,
ficava pensativa.
Esses ruídos vinham talvez das matas,
que circundavam a nossa pequenina cidade natal.
Não era à toa que o seu nome era Borda da Mata,
na beira de alguma grande mata."

FAMÍLIA – INFÂNCIA – JUVENTUDE

Na noite de natal nasce um santo

Aos vinte e quatro de dezembro de mil novecentos e quinze, a igreja de Nossa Senhora do Carmo, da pequena cidade mineira de Borda da Mata, prepara-se para celebrar o nascimento de Jesus. É uma grande graça nascer precisamente no mistério da noite santa em que todos os anjos cantam "glória a Deus nas alturas e paz na terra àqueles que Deus ama". É festa, mas em uma casa dessa cidade há mais uma razão para festejar. É a casa de Francisco Marques, chamado Chicuta, e de dona Mariana Resende Costa. O casal já tem quatro filhos e espera agora outro. São oito horas da noite, e já há festa.

Quando veio ao mundo a filha, acolhida com amor, com ternura, já tinha o nome pronto: ela se chamará Maria Luiza. É uma estrela que se acende no céu. Como era costume no Natal, nos pequenos povoados, no vai e vem das comadres que se cumprimentam, elas aproveitam e vão felicitar os pais pela nova criatura que vem alegrar a vida. Sabemos como os pastores, na noite de Natal, levaram para Jesus, na gruta de Belém, como presentes, o que eles possuíam: um cordeirinho, um pouco de leite, um pouco de lã, um pouco de verdura. Assim, mais pessoas que vêm visitar a família Marques trazem alguns presentes: uns ovos, um frango, um queijo... Em Borda da Mata todos se conhecem, e a família Marques é bem conhecida. Não é uma família pobre: tem terras, espaços com cultivo de café, pasto. Mas essa família é conhecida também pela sua vida honesta e religiosa.

A família é amada por todos pela acolhida e pela atenção que tem para com os necessitados e pessoas pobres. Frequentam com assiduidade a igreja, que é dedicada a Nossa Senhora do Carmo. A casa é situada perto da igreja. Dona Mariana é devota de Nossa Senhora do Carmo e educa sua "ninhada" de doze filhos na fé, na religião. O pai, o senhor Chicuta, como era chamado pelo povo, não é muito religioso, mas é um homem "bom". Em Minas, dizer que alguém é bom quer dizer que é trabalhador, honesto, solidário com quem precisa de ajuda.

Borda da Mata, no tempo a que estamos nos referindo – início do século passado –, era um povoado pequeno, com uma única igreja. Hoje em dia são 43 os bairros espalhados em seu território, e não podia faltar o de Santa Teresinha, a santa tão amada pelo Carmelo.

No passado, Borda da Mata pertencia ao município de Pouso Alegre, e só em 1923 conseguiu a autonomia política e jurídica.

Os povoados no Brasil têm um início curioso: recebem o nome ou de um santo, ou da pessoa que os fundou, ou de alguma formação do terreno. Três pequenos montículos ao redor de um povoado deram o nome a Três Pontas. Borda da Mata parece que surgiu assim também. Parece que tudo começou ao redor do ano de 1753, quando alguém se aventurou à beira do rio Mandu, rico em ouro, a buscar fortuna. E aí foram andando, desbravando e encontrando uma grande mata, coisas bonitas que ainda podemos ver nas Minas Gerais. Assim, estabeleceram-se à "borda da mata" e o nome foi escolhido. Os historiadores buscam origens mais refinadas.

Fato é que, lentamente, o povoado de Borda de Mata foi se ampliando e sendo terreno fértil para o café e o gado. Chegavam sempre mais moradores...

É nesse povoado de trabalhadores e fazendeiros que, no dia 24 de dezembro, às oito horas da noite, quando os sinos da Matriz começavam a tocar para a missa da meia-noite, nasceu Maria Luiza, a futura carmelita fundadora do carmelo de Três Pontas – e a caminho

FAMÍLIA – INFÂNCIA – JUVENTUDE

das honras dos altares, se Deus quiser. Era uma menina frágil de saúde, forte de caráter, meiga e com um coração aberto para acolher em si mesma todos os sofrimentos do mundo, da Igreja e do Carmelo.

A vida de Maria Luiza, que de agora em diante chamaremos de madre Tereza Margarida ou Nossa Mãe – como o povo de Três Pontas gostava carinhosamente de chamar –, será contada por ela mesma, com muita discrição e com o véu da humildade. Começaremos com o que ela diz a respeito de seu nascimento e de sua família. Madre Tereza sempre foi de falar pouco, era habituada a contemplar o essencial e falava o essencial que tocava não a mente, mas o coração:

> Nasci em Borda da Mata, sul de Minas, em 24 de dezembro de 1915, às oito horas da noite. Como eu, desde muito pequenina, cantava muito, meu pai dizia: "Ela é assim porque nasceu na noite de Natal". Fui batizada na igreja Matriz, a única da cidade, dedicada a Nossa Senhora do Carmo, em 10 de fevereiro, festa de Santa Escolástica.
>
> Graças a Deus, tive um lar cheio de amor, no qual meus pais maravilhosos viviam um para o outro, e os dois para nós, seus filhos. Dos doze, eu sou a quinta. Meus pais eram Francisco Marques da Costa Júnior e Mariana de Rezende Marques. Meus irmãos: Sebastiana (Neném), João, Sarah, Margarida, José, Alzemiro, André, Francisco, Mariana, Márcia e Flávio.

Uma família unida, cujas crianças, logo ao despertar, corriam para as casas dos padrinhos, onde havia um grande quintal para brincar. Muitas vezes, cansadas de tanto correr, adormeciam; e à noite o pai – Chicuta – ia buscá-las. Os padrinhos diziam: "Deixe as crianças dormirem aqui em casa, amanhã você vem buscá-las". E o pai contestava: "Não, as crianças não dormem fora de casa".

Casa é o lugar teológico, pedagógico, onde se aprende a viver e onde os pais transmitem educação e formação, mais com o exemplo do que com as palavras. Educar não quer dizer encher a cabeça de ideias, mas conduzir pela mão, para que aprendam a viver e crescer na realidade do mundo que está à nossa frente. Os pais de madre Tereza Margarida foram bons educadores preocuparam-se sempre com a formação dos filhos.

"Eu vos agradeço a vida que me destes... O lar, os pais que me formaram para vós."

FAMÍLIA – INFÂNCIA – JUVENTUDE

Precisa sair de Borda da Mata

As crianças crescem e os negócios da família vão bem, mas dona Mariana e Chicuta começam a se perguntar como educar os filhos, como oferecer a eles uma boa educação intelectual. Borda da Mata tem somente uma escolinha para as crianças aprenderem a ler e a escrever. Então os pais, que sempre se sacrificam pelos filhos, procuram uma nova casa, num lugar maior. Tendo já amigos na cidade de Cruzeiro, no estado de São Paulo, não muito distante de Aparecida, onde a pequena Virgem Maria abençoa todo o Vale do Paraíba, decidem ir para lá. Na sua autobiografia, madre Tereza conta que os pais, especialmente a mãe, prepararam a "primeira viagem e a primeira separação dos avós e dos bisavós", que eles tanto amavam. Dizia-lhes que iam para uma casa maior, com um grande jardim, onde poderiam brincar o quanto quisessem... Sabedoria de pais que amam seus filhos!

No grande casarão de Cruzeiro, com amplos jardins, as crianças podiam correr atrás das borboletas, felizes e tranquilas. Elas brincavam de esconde-esconde, faziam teatros, improvisavam em papéis de atores, escritores e aprendizes. Tudo era familiar. Não era fácil vê-los parados. E a pobre babá fazia de tudo e, quando perdia a paciência, dizia: "Se vocês não pararem de fazer coisas erradas, vai nascer um rabo em vocês". E as crianças paravam, porque tinham medo.

Uma infância serena, tranquila, mas... Estava chegando o tempo de ir à escola. Cruzeiro não era uma grande cidade, mas tinha mais recursos do que Borda da Mata.

O povoado de Cruzeiro nasceu em 1717 e servia como caminho para várias direções, daí o nome Cruzeiro. O povo de São Paulo procurava uma maneira para chegar aos portos e escoar as suas mercadorias. No início, o povoado se chamava Embaú, depois passou a se chamar Cruzeiro. É uma cidade que, na prática, separava os estados de São Paulo e Minas Gerais. Subindo a serra, encontramo-nos já em Minas, terra fértil que escondia em seu seio o ouro muito cobiçado. A viagem da família de Chicuta para Cruzeiro foi uma festa, mas o início da escola não tanto. A mesma madre Tereza nos conta que levou tempo para se acostumar e que chorava muito, porque não tinha costume de ficar fora de casa e longe dos pais. Pode ser que a distância dos pais e a saudade tenham impedido a pequena Maria Luiza de se aplicar aos estudos, vindo a ser reprovada na primeira série.

Ela mesma nos conta em suas memórias:

Chegou o dia em que foi preciso ir também para o grupo escolar. Que sofrimento! Comecei a estudar, sem nenhum interesse em aprender. Sentia uma saudade imensa de casa, da mamãe, das crianças. Nos primeiros tempos de aula, todos os dias eu começava a chorar, e a professora pedia para uma das meninas maiores levar-me embora. Assim aconteceu diversas vezes, até que, um dia, mamãe pediu para o João me levar e ele, no caminho, fez ponta no meu lápis, e... Desde aí não chorei mais. Mas eu era uma criança sem interesse para aprender e até repeti o primeiro ano.

Como já dissemos, a criançada gostava de brincar de teatro, mas quem participava dessas representações? Qual era o público cativo? Conta-o a mesma madre Tereza na sua autobiografia. São pormenores interessantes, que nos fazem compreender a harmonia que existia naquela família. Maria Luiza telefonava para o pai, que estava no escritório, e dizia-lhe: "Hoje o senhor deve voltar cedo, porque tem teatro". E o pai dizia que sim e que, aliás, ia levar outras pessoas amigas. Assim o público era o pai, algum amigo, a mãe e algumas empregadas que dormiam em casa. Era sempre uma festa!

FAMÍLIA – INFÂNCIA – JUVENTUDE

A vida no casarão de Cruzeiro era bonita, alegre. O pai Francisco, o Chicuta, tinha comprado também um terreno, e os negócios iam bem – na verdade, de bem a melhor –, o que permitia que as crianças tivessem uma boa educação.

Brincávamos muito de teatro. João e Sarita escreviam as peças e nos ensaiavam. Eu ainda não sabia ler, então o João, chegando do grupo, à tardinha, sentava comigo na beirada do canteiro no jardim e me fazia decorar os meus papéis para o teatro. Ele e Sarita ensinavam-me também a cantar. No dia em que íamos exibir o teatro, telefonávamos à tardinha para o papai, dizendo-lhe: "Papai, hoje vai ter teatro, o senhor vem mais cedo?". A resposta era sempre afirmativa e, às vezes, ele ainda dizia: "Eu estou aqui no escritório com um amigo e vou levá-lo comigo". Aí é que nós vibrávamos de alegria, porque geralmente o nosso "público" era papai, mamãe, Neném e alguma empregada que pousava em casa. Lembro-me também que Dom João geralmente não gostava que eu fosse filha, e só me aceitava como filho, então me vestiam com as roupas dos meus irmãozinhos.

"A família é o ateliê divino em que dois seres, unidos num só coração, formam almas que um dia vão aumentar o número dos eleitos no céu."

A conversão do pai

Papai fez primeira comunhão quando eu tinha cinco ou seis anos, penso eu. E, depois, ele comungou para morrer, e ainda disse à Sarita: "Estou feliz e, quando eu sarar, não vou mais faltar à missa dos domingos".

A nossa lógica se chama "pressa"; a de Deus se chama "paciência". Todos os que buscam a Deus com coração sincero acabam por encontrá-lo. São João da Cruz diz que "não somos nós que buscamos a Deus, mas é Deus que nos busca", que vem ao nosso encontro. Se, por um lado, a mãe – Mariana – era cheia de devoção e de amor a Deus, por outro lado, o esposo Francisco, apesar de ser um homem bom, não frequentava a igreja e sequer tinha feito a primeira comunhão. Os filhos e a esposa devem ter rezado muito – embora isso não tenha sido contado – para que um dia o pai pudesse acompanhá-los na vida cristã da Igreja.

Aparecida não é longe de Cruzeiro; e, sem dúvida, Chicuta deve ter ouvido falar do santuário. Um belo dia ele decide ir a Aparecida. Sente dentro do seu coração o desejo de ir e vai, sem dizer à família o porquê. Procura um sacerdote, se confessa, compra uma bela estampa de primeira comunhão e volta para casa feliz, com coração novo, com uma nova maneira de encarar a vida. Dá a estampa de presente à esposa e manda colocar uma belíssima moldura que ela mesma borda em veludo grená. O quadro é entronizado na casa. Maria Luiza é colocada de pé na escada, com uma cesta de pétalas nas mãos, para jogá-las quando o pai entrar: gesto infantil, mas que carrega um profundo significado.

Muitas vezes acontecem coisas que não entendemos no momento, mas na hora certa elas são lidas com os olhos de Deus e assumem um sentido profético especial.

FAMÍLIA – INFÂNCIA – JUVENTUDE

Vamos dar a palavra à madre Tereza:

Esqueci-me de falar do acontecimento muito grande na família. A primeira comunhão do papai. Ele tinha excesso de bondade, mas nenhuma piedade. Sempre tratava muito bem e respeitava os sacerdotes, que lá em casa achavam sempre boa hospedagem ou acolhimento. Um dia, papai foi sozinho a Aparecida, procurou um padre, fez uma boa confissão e realizou sua primeira comunhão! Comprou uma lembrança, pediu para o padre assinar e trouxe a estampa de presente para a mamãe! Puseram-me de pé na escada, com uma cestinha de pétalas de rosa para jogar nele quando entrasse em casa. Foi uma alegria muito grande para a mamãe e todos nós. Essa estampa foi colocada num quadro de veludo grená, que mamãe bordou com todo o carinho, e hoje está sobre nossa mesa, porque os irmãos acharam que era o carmelo o melhor lugar para ela. Uma verdadeira relíquia de família.

É nesse tempo que o irmão João, que frequentava a escola dos salesianos em Lorena, sente no coração o chamado do Senhor. O pai, no início, é contrário, mas a mãe consegue convencê-lo, e então ele dá o seu consentimento e a sua bênção. João também terá um futuro preparado pelo Senhor; será arcebispo de Belo Horizonte, um bispo cheio de Deus e de amor pelo povo. Eu o conheci em 1975, quando o convidei para celebrar os 25 anos da chegada dos carmelitas descalços. Ele veio e, então, pela primeira vez, ouvi falar da madre Tereza Margarida e do carmelo de Três Pontas. Quando ouvi a palavra "carmelo", despertou dentro de mim todo o amor e o desejo de conhecer aquele carmelo. O Carmelo, na minha vida, é um ímã que não posso dominar e fazer de conta que não existe.

O "não" inicial do pai para empreender a vida no seminário salesiano de Lavrinhas se transforma em "sim". O pai via em João a pessoa mais indicada para levar à frente o comércio e as iniciativas econômicas da família, mas o Senhor tinha preparado para ele outro projeto: ser pastor de almas e conduzi-las para o céu.

O pai, depois da sua conversão, sentiu que a sua vida era diferente. Começou a compreender que os filhos são um dom de Deus e que os pais devem se preocupar não com sua própria felicidade, mas sim com a felicidade deles. Os pais se realizam nos filhos.

E Maria Luiza?

Chegou o tempo de pensar em estudos mais aprofundados. Ela canta bem, e o pai, sorrindo, diz: "Claro que você canta bem, nasceu na noite de Natal". As irmãs mais velhas convencem os pais a enviar Maria Luiza ao colégio Bom Conselho para aprimorar os seus estudos.

"Meu Deus, eu vos agradeço o pai que me destes."
"Papai morreu como um justo que, com coragem e retidão, viveu para fazer o bem à sua família: à mamãe, a nós, seus filhos, e a todos que dele se aproximavam e lhe pediam um auxílio, um conselho. Era respeitadíssimo em toda a cidade."
"A família é um dom precioso na vida e precisamos amá-la."

Partir... É um pouco morrer

Para todas as crianças, deixar Borda da Mata, a casa dos avós – que eles chamavam de padrinhos –, foi duro e trouxe muitas lágrimas. Quando se adaptaram à nova casa de Cruzeiro e chegou a hora de continuar os estudos, foi necessário procurar um colégio. O grupo escolar de Cruzeiro não oferecia mais do que a primeira alfabetização. Taubaté era um centro maior. A escolha foi o colégio Bom Conselho, de Taubaté, não muito distante, mas o suficiente para despertar saudades da família.

O colégio Bom Conselho, em Taubaté, pertencia às irmãs de São José de Chambéry. Foi fundado em 1879 e possuía três regimes: o primeiro, como internato; o segundo, como semi-internato; e o terceiro, como orfanato. O ensino dependia da situação econômica da família.

> O colégio Bom Conselho, de Taubaté, foi o escolhido para Neném e Sarah. Lá só havia férias em dezembro e janeiro. Dor para nossos pais, dor para nós, pequenos, mas... Era preciso estudar.
> Em 1925, no Natal, eu completei 10 anos. Sarita convenceu papai a deixar que eu fosse para o colégio interno com ela e Margarida. Eu também me entusiasmei, e ficou resolvido que eu iria para o Bom Conselho, em Taubaté. As aulas começavam em fevereiro.

No colégio das irmãs, as meninas tinham uma boa educação humana, cultural e religiosa. O pai quis que Maria Luiza aprendesse a tocar piano. De fato, Nossa Mãe tinha um gosto refinado pela música religiosa, creio que tenha escrito também alguns cantos de que ela mesma tenha composto a música.

Taubaté é um município brasileiro no interior do estado de São Paulo, localizado na região do Vale do Paraíba, a 130 km da capital.

Muitos anos depois, Márcia, irmã de Nossa Mãe, trouxe ao carmelo de Três Pontas uma edição velha de *História de uma alma* que pertencia à família, na qual certamente já havia uma grande devoção a Santa Teresinha. Mas não sabemos ao certo como esse livro estava lá. Creio que seja uma das edições publicadas pela Editora Salesiana. Quem sabe tenha sido o próprio João quem o levou quando foi de férias à casa. O que importa é que já havia uma ligação afetiva com Santa Teresinha. Estamos nos anos imediatos da canonização, acontecida em 1925, de Santa Teresinha, aquela menina encantadora, que o papa Pio XI chamava a estrela do seu pontificado e que entrou no coração do povo brasileiro.

O caminho espiritual de madre Tereza Margarida é muito semelhante àquele de Santa Teresinha do Menino Jesus: simplicidade, amor, doação e um coração aberto aos pecadores, às missões e, como veremos mais tarde, um coração de irmã e de mãe para todos os sacerdotes.

Na sua autobiografia, Nossa Mãe fala disso. E, para fechar a fase de sua infância, cita um verso do poema de Casimiro de Abreu:

> Ó que saudades que eu tenho
> Da aurora da minha vida
> Da minha infância querida
> Que os anos não trazem mais.

"Ó meu Deus, eu vos agradeço os pais, os irmãos, o lar que me destes! Vós sempre cuidastes de mim, este grãozinho de trigo, com muito amor, muita ternura."

FAMÍLIA – INFÂNCIA – JUVENTUDE

O encontro com Santa Teresinha

Padre Paolo Lombardo, postulador da Causa dos Santos, veio ao Brasil para a causa de beatificação do beato padre Victor, o grande apóstolo de Três Pontas.

Padre Victor, amigo dos pobres, que soube enfrentar os preconceitos ligados à sua cor com amor e paciência, nasceu na cidade de Campanha, em 12 de abril de 1827. É o primeiro ex-escravo beato nascido no Brasil. Ele era um alfaiate, mas sempre aspirou, em seu coração, a responder ao chamado de Deus para se tornar padre. Com a ajuda de uma benfeitora e o apoio de um bispo, entrou no seminário em 5 de junho de 1849 e foi ordenado sacerdote em 14 de junho de 1851. Sua primeira missão foi como pároco em Campanha. Em 1852, foi transferido para Três Pontas, onde foi, primeiramente, vice-pároco e depois pároco durante 52 anos. Dedicou-se à direção da paróquia com zelo e carinho, apesar dos preconceitos da época, devido ao fato de estar em uma região escravocrata, com grandes latifundiários, lugar onde, portanto, um ex-escravo era malvisto. Ele teve que sofrer insultos e até mesmo celebrar a missa em uma paróquia quase vazia. Entretanto, nunca desanimou e trabalhou mais ainda para levar o amor de Deus aos seus paroquianos. Fundou a primeira escola da cidade, dedicada à Sagrada Família, onde oferecia educação aos residentes, independentemente de sua origem social ou cor de pele. Também construiu a maior igreja de Minas Gerais: Nossa Senhora da Ajuda. Não tinha vergonha da sua cor e considerava a sua pobreza como uma riqueza para crescer em santidade. A caridade do pe. Victor era conhecida de todos. Apoiou camponeses e operários, pregando a harmonia e a justiça social. Foi um pároco de grande caridade, ajudando os necessitados e dando tudo o que tinha àqueles que vinham até ele. Por isso, recebeu o título de "anjo tutelar de Três Pontas". Toda a cidade lamentou quando padre Victor morreu, em 23 de setembro de 1905. Foi enterrado na igreja que ele construiu e beatificado em 14 de novembro de 2015.

Voltemos à história de Nossa Mãe:

Padre Paulo Lombardo, estando hospedado no carmelo para os trabalhos da causa de beatificação do padre Victor, conheceu a madre Tereza Margarida e logo percebeu que o coração dessa monja simples, que falava baixinho, mais ao coração do que à mente, escondia um grande tesouro. Então ele teve a feliz ideia de pedir a ela que escrevesse a sua autobiografia. Começou a escrever no dia 8 de agosto – festa de São Domingos – de 1999, durante o seu retiro espiritual. Ela conta que já havia escrito, mas de nada se lembrava do que escreveu. É próprio do estilo teresiano não se lembrar das maravilhas de Deus quando contadas e, sempre que relatadas, são coisas novas, porque o dinamismo do Espírito Santo é irrepetível.

Nossa Mãe conta um pouco a vida no colégio do Bom Conselho. Ela chorou muito para se adaptar, pois era muito afetiva e sensível, mas lentamente começou a amar as mestras, que tinham uma forte vida espiritual. Começou a desenvolver a sua devoção a Nossa Senhora, a São José e, creio eu, pela primeira vez Teresa do Menino Jesus entrou no seu coração. Também porque em Taubaté foi construída uma das primeiras igrejas do mundo dedicadas a Santa Teresinha. Com a linguagem de Santa Teresinha, a Nossa Mãe se sentia à vontade. Para ela, o amor era tudo. Ela fez do amor o centro da sua vida, não pensando nunca em si mesma, mas sempre na glória de Deus e no bem das pessoas.

É a mesma Nossa Mãe que conta na sua autobiografia que, quando deixou o colégio do Bom Conselho, sentiu no seu coração uma grande gratidão pelas irmãs. Era uma comunidade numerosa, umas 28 irmãs. Elas tinham um grande respeito pelos pais de Sarita, Margarida e Maria Luiza, que eram tão generosos e bondosos. O pai quis recompensar as religiosas pela educação que tinham dado às suas filhas, pagando para elas uma viagem a Aparecida.

Se o senhor Chicuta era generoso antes de se converter, com a conversão a generosidade aumentou. Era costume da família fazer o bem.

FAMÍLIA – INFÂNCIA – JUVENTUDE

Enquanto Maria Luiza está no colégio, nasce uma outra irmãzinha, Marianinha, em 1927. E, dois anos depois, nasce Márcia, a caçulinha. As duas últimas filhas serão a alegria da casa, enquanto todos os outros estavam fora para os estudos. Em 1932, Maria Luiza termina o seu curso e quer aperfeiçoar-se na música, no piano.

Em 1932, quando terminei o curso no Bom Conselho, quis aperfeiçoar-me no piano. O maestro Lirio Panicalli foi nosso professor. Marianinha já mostrava o seu grande talento musical, e o maestro a incentivava muito, compondo ele mesmo a primeira peça que ela tocou. Eu estudava com muito gosto e aprendia bem o que ele me ensinava, mas não tinha o talento dela. Todos nós já reconhecíamos em Marianinha uma pequena artista. Sarita e eu fazíamos tudo que podíamos para que ela se realizasse plenamente.

Para Nossa Mãe, tocar era oração. Tocava dando um ar de recolhimento, que convidava ao silêncio, à contemplação. Santo Agostinho diz: "Quem canta reza duas vezes". Eu diria: quem toca música reza três vezes, porque a música não só sustenta o canto, mas abre os ouvidos do coração e faz com que as palavras caiam mais profundamente na alma.

"Desde o princípio, eu tinha a certeza de que ali era meu lugar, escolhido por Deus desde toda a eternidade."

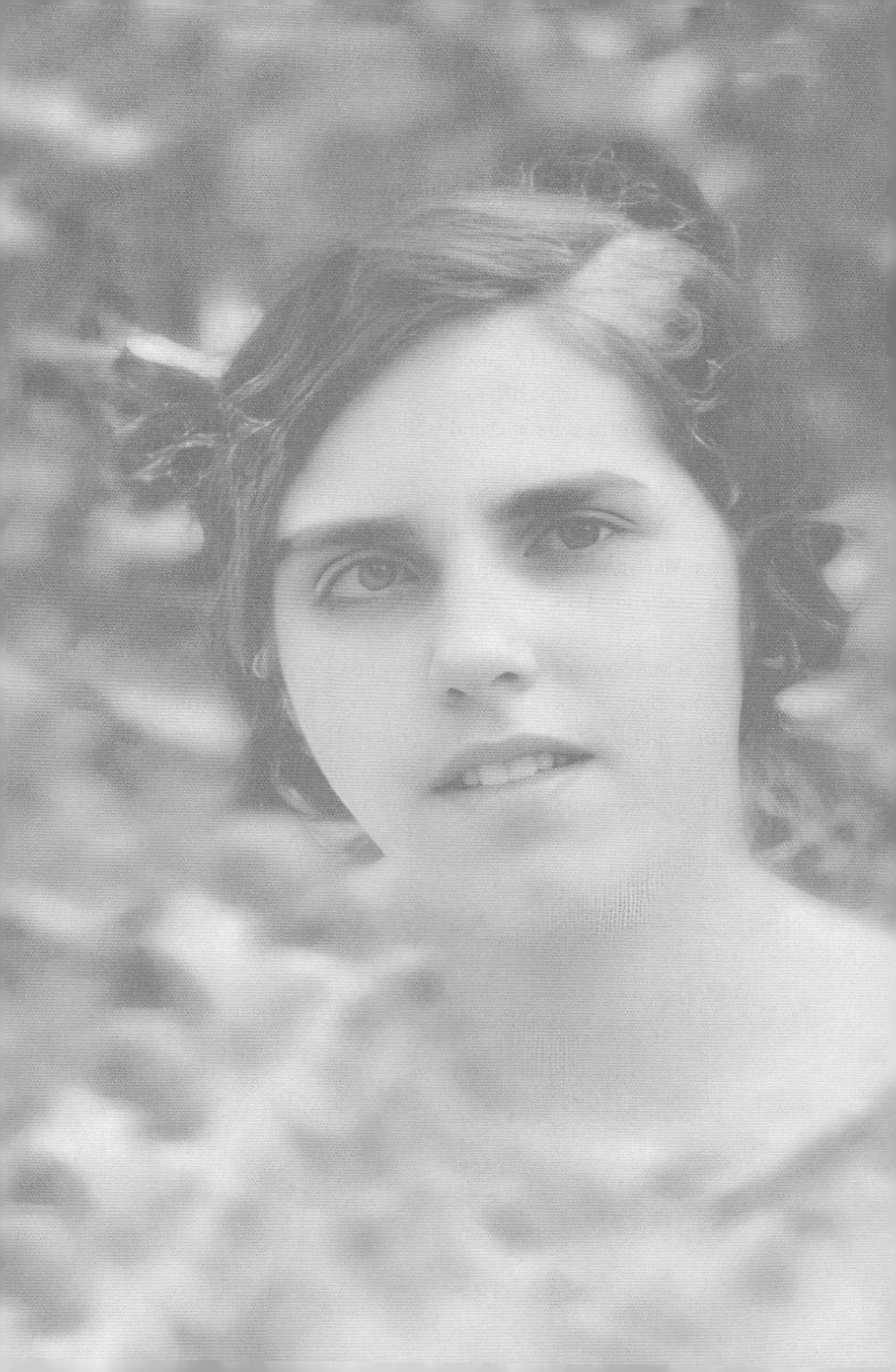

O CHAMADO

Não fostes vós que me escolhestes

Podemos perceber a alegria de sermos "escolhidos" somente no coração e na alma. Não há palavras para expressar. Todas as palavras não são suficientes para verbalizar o que alguém pode sentir quando é escolhido, não pelas próprias capacidades humanas ou intelectuais, mas somente por amor. O apóstolo Paulo, na Carta aos Efésios, nos recorda que Deus nos amou e nos escolheu antes da criação do mundo para sermos santos e imaculados diante dele. Será esse texto que guiará toda a vida de Santa Elisabeth da Trindade, que Nossa Mãe encontra nos albores de sua vocação. Elisabeth da Trindade escolhe com seu nome novo "ser louvor de glória" de Deus: uma glória que depende não das obras, mas da santidade.

A vida correu como um rio manso, mas já no horizonte apareciam nuvens que faziam prever tempestade.

João, em 1935, foi ordenado sacerdote salesiano em Roma, e o pai Chicuta se preparava para ir e participar às pessoas a grande alegria da família: um filho sacerdote. Mas a saúde não o permitiu. Um dia o pai foi visitar Maria Luiza no colégio. Num momento de tranquilidade, estando os dois a sós, o pai lhe confiou: "Os negócios de seu avô estão andando de mal a pior". O senhor Chicuta fez tudo o que era possível para reverter a situação, mas não conseguiu, e isso constituiu para ele uma grande dor.

Mas como entrou o Carmelo na vida da jovem Maria Luiza?

O que seria o Carmelo? Como viveriam as carmelitas? Eram perguntas que, certamente, Maria Luiza fazia.

Encontramos em suas memórias:

O primeiro toque foi quando recebi um telefonema de uma colega do Bom Conselho, contando-me a entrada no carmelo de São Paulo de uma contemporânea nossa, Irene Medeiros (madre Ana de Jesus), colega de classe da Sarita. O Carmelo entrou em mim de uma maneira muito viva, penetrante. Nada falei a ninguém. Estava a semente lançada no meu coração.

Meu Pai tinha o costume de proporcionar à mamãe, de vez em quando, uma estadia de alguns dias em Aparecida. Alugava uns quartos no Hotel Central, bem perto da basílica velha, e lá nós ficávamos alguns dias, e ele ficava em Cruzeiro e vinha nos visitar, pois Cruzeiro é muito perto de Aparecida.

Foi numa dessas ocasiões que eu, durante o dia, ia à basílica, onde havia uma capela do Santíssimo, muito recolhida. Ia para lá e lá ficava feliz, em oração. Como saboreava, ó Jesus, tua presença! Como sentia que só ele poderia encher minha vida!

Em Cruzeiro, num Sábado Santo, fui participar da vigília pascal, que naquele tempo ainda era de manhã, na liturgia antiga, e aí senti que Ele me tomou novamente. Que felicidade interior!

Nessas incertezas, dúvidas, inseguranças, um dia quis desafiar o próprio Jesus. Deus nos escolhe por puro amor. Muitas vezes escolhe o "resto", o que é descartado. O amor é o segredo que sempre orienta a vida de quem ama. Nossa Mãe conta como essa insegurança e incerteza para definir o caminho que devia escolher lhe atormentava. Jesus gosta de ser desafiado pelas almas.

"Vi claramente que o Carmelo era o lugar de minha realização e nunca mais tive uma dúvida de minha vocação."

O CHAMADO

Pegarei um livro e ele me dirá

O livro é sempre um amigo silencioso que fala quando nós o deixamos falar, e cujas palavras penetram na profundidade do coração. É um amigo humilde: depois que fala, você o recoloca na estante, e ele espera que você o tome de novo, quando tiver necessidade. O livro nunca se cansa, nem cansa. Muitas vezes os livros nos questionam e nos obrigam a tomar decisões e rever o nosso caminho. E são amigos imprevisíveis, aparecem quando você menos espera. Santa Teresa d'Ávila, depois de ter lido as *Confissões* de Santo Agostinho, toma a decisão de uma conversão radical. Santa Edith Stein, numa noite em que não consegue dormir, pega um livro na casa de Hedwing Conrad-Martius. É a vida de Santa Teresa. Lê a noite toda e, de manhã cedo, fechando o livro, diz: "Aqui está a verdade". Poderíamos dar tantos exemplos... Nossa Mãe está nessa dúvida que vai e vem, e pensa: "Vou pegar um livro na biblioteca das Filhas de Maria, e ele me ajudará a definir o meu caminho". Ela entra na biblioteca, e uma mocinha desconhecida lhe diz, apontando um livro: "Este aqui é muito bom". Ela pega o livro. São *As memórias de Elisabeth da Trindade*. Já tinha ouvido falar dela no colégio, no retiro de um padre jesuíta. Nossa Mãe ficou emocionada e viu nessa graça de Deus que o seu caminho estava marcado e definido. Mas como fazer? Ela escreve ao pe. Valdomiro Alvarenga, jesuíta, que recebe a carta quando estava partindo para Mogi das Cruzes para pregar o retiro das carmelitas. Ele mesmo lhe envia o endereço do lugar onde ela entrará no dia 29 maio de 1937. Era um sábado, e ela entra à noitinha...

Nas primeiras horas da noite, Nossa Mãe nasceu: era o dia 24 de dezembro; e igualmente à noitinha ela chegou ao Carmelo. Também isso tem o sentido da sua busca por Deus. E ela amava muito permanecer junto a Jesus no silêncio da noite e no início do dia, quando tudo ainda estava dormindo. A noite é um dos lugares da busca de Deus e onde o

Senhor faz sentir com maior força a presença do seu amor. As memórias de Elisabeth da Trindade abriram-lhe a alma e o coração. Ela percebeu logo que aquela seria a sua vocação. Esse primeiro amor a Elisabeth permanece para sempre. Ela a conhecia, não como os "estudiosos", mas com amor de carmelita, numa sinfonia de amor e numa sintonia vocacional. Os olhos de Tereza Margarida brilhavam quando se falava do Carmelo. Para ela, era pão cotidiano: com a doutrina dos nossos santos ela se alimentava e alimentava as filhas que Deus lhe havia confiado.

Com poucas palavras, a Nossa Mãe falava da sua família e, com delicadeza, cobria tudo com o véu da humildade, mas sem esconder a situação real. A família era grande; no entanto, os filhos são como as andorinhas: cada um pega o seu voo para formar o seu ninho...

Mas, antes disso, quanta coisa estava para acontecer...
Quantos obstáculos para superar! O João já era o pe. João. Sarita, já professora, quis lecionar fora de Cruzeiro, e assim fez. Os meninos, pouco a pouco, terminavam o curso ginasial. Marianinha brilhando cada vez mais no piano. Márcia já começava seus estudos. Flávio estava para nascer. Papai sempre adoentado, e, naquele tempo, nenhum médico acertava no seu tratamento nem dava um diagnóstico certo. O Francisco, desde pequenino, sonhava ser aviador. Lembro-me que ele recortava das revistas todas as gravuras em que aparecia algum avião e formava um álbum. Papai trouxe-lhe do Rio um terninho de piloto, e ele ficava muito vaidoso com ele. Nesses tempos meu avô (pai do papai), que possuía cinco fazendas produtoras de café, ficou em tristíssima situação financeira. Papai sacrificou-se muito para ver se salvava o "patrimônio" da ruína completa, mas nada conseguiu.

No coração de Nossa Mãe, a vaga ideia do Carmelo tomava uma fisionomia sempre mais clara, e o desejo era mais e mais urgente para ser realizado.

O CHAMADO

Em 1935, Nossa Mãe completava vinte anos; e o pai, sabendo do amor da filha pela música, quis dar-lhe como presente um piano melhor, para que pudesse se aperfeiçoar e, quem sabe – pensava o pai –, seguir carreira. Num dia em que ele estava mais cansado, vendo a esposa esperando outro filho, disse: "Este menino vai crescer sem pai". Tinha o pressentimento de que não viveria muito.

A jovem Maria Luiza, certa vez, estando em casa sozinha com a mãe, revelou a ela o seu segredo de querer ser carmelita. A mãe respondeu um pouco secamente: "Seu pai não vai aceitar". Mas as duas se preocuparam de rezar juntas e encontrar a maneira de falar com o pai no tempo mais oportuno. O "não" poderia ser a resposta. Mas Deus cuida daqueles que ele ama.

EU CREIO NOS SONHOS...

Um dia Jesus contou uma parábola: "Um pai tinha dois filhos. Disse ao primeiro: 'Vai trabalhar na minha vinha'. E o filho respondeu: 'Vou sim, pai', e não foi. Disse ao segundo: 'Vai, meu filho, trabalhar na vinha'. E o filho respondeu: 'Não vou', mas depois, pensando melhor, foi trabalhar na vinha. E Jesus pergunta para o povo qual dos dois havia feito a vontade do pai. E o povo, com um grito, respondeu: 'O segundo'".

Assim se deu com Chicuta: disse "não"... Mas depois ficou pensando... E um dia perguntou à esposa: "Maria Luiza pensa ainda em ir para o convento?". E a esposa respondeu: "Claro que sim". E o pai: "É melhor deixá-la ir. Que faça seu desejo, mas com uma condição: se ela adoecer, que volte para casa".

A esposa tomou coragem e contou para o esposo. Vamos deixar que a Nossa Mãe nos conte:

Mamãe então contou a ele o que acontecera uns tempos atrás: "Você estava no Rio e deveria chegar naquela noite. Eu estava dormindo e sonhando com ela na igreja de Nossa Senhora do Carmo, de Borda da Mata, onde ela foi batizada. Você entrou no quarto e logo deu-me um rolo de papel, dizendo-me: 'Encontrei isto na minha poltrona no trem. Fica para você'. Quando eu desenrolei o embrulho, era uma estampa de Santa Teresinha. Fiquei muito comovida. E você não acha que esse sonho, esse fato, foi um sinal de Deus, chamando Luiza para o Carmelo, que é a Ordem de Nossa Senhora do Carmo?".

Assim Nossa Senhora, nos primeiros dias de seu mês, o amado mês de maio, deu-me este grande presente: o consentimento do papai para minha entrada no Carmelo. Esse quadro ficou sempre no quarto de meus pais e, depois da morte da mamãe, veio para cá e está sempre no ofício da priora.

O quadro de Santa Teresinha ficou no quarto dos pais, e, depois da morte do pai, a mãe levou-o para o carmelo. Hoje está colocado no ofício da priora. Podemos interpretar esse fato como um sinal de que, quando dizemos "não", ele pode se transformar em "sim" num gesto de amor e de respeito pelos outros.

O "sim" do pai não foi vago, superficial, mas um "sim" com todas as consequências e até o fim.

"A carmelita dá de coração a Deus a coisa mais preciosa que tem no mundo, a família, mas não deixa de amá-la, nem é por ela esquecida."

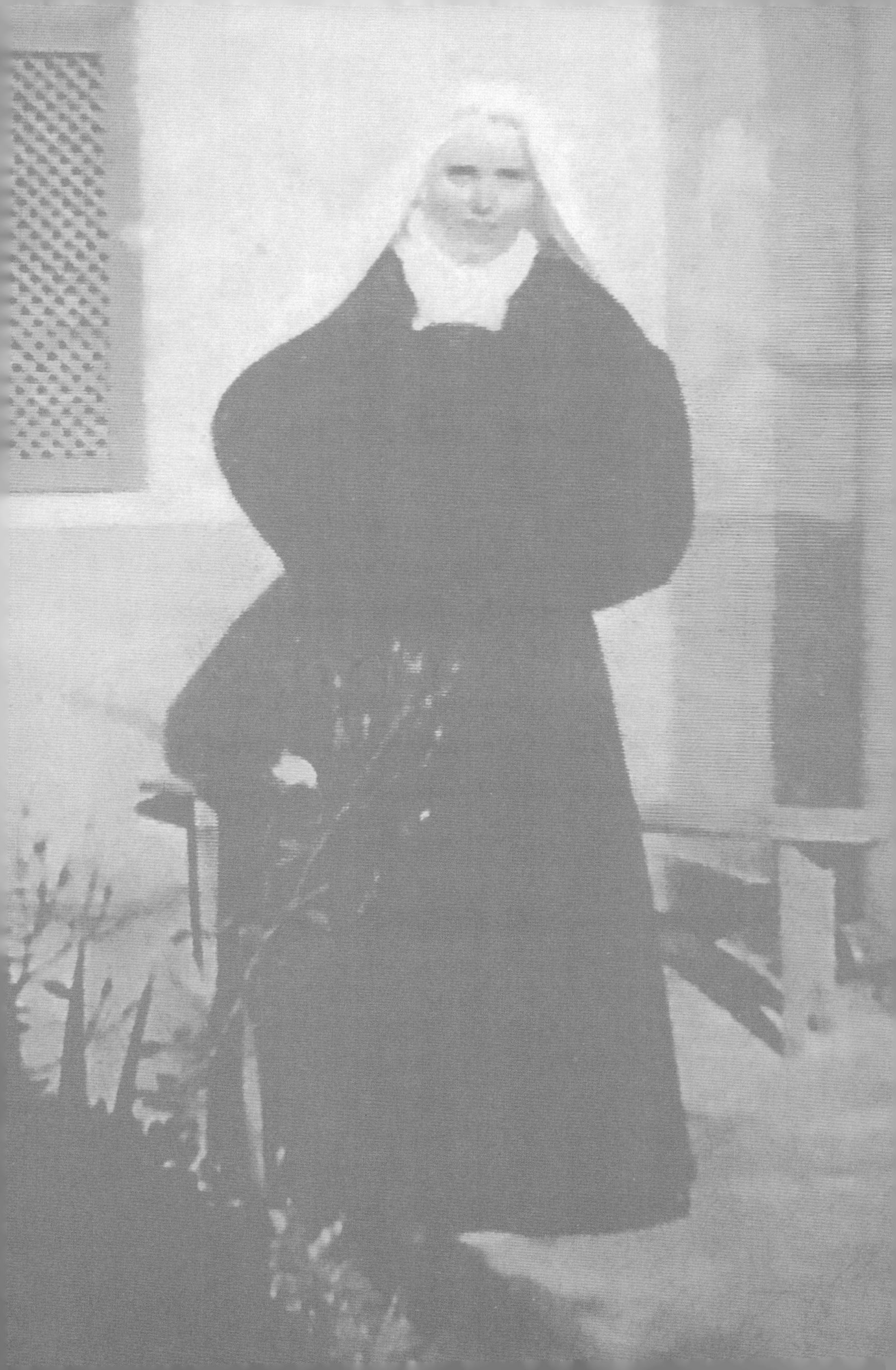

"Assim é a vida – rosário precioso,
em que os mistérios gozosos, dolorosos e gloriosos
se transformam em alegrias, lágrimas e preces,
rezados e vividos na coragem que nos vem de Deus,
e voltam para ele como cânticos de louvor,
porque ele é santo para sempre e merece todo o louvor,
porque nos ama sempre e cuida de nós.
Amém. Aleluia."

NO CARMELO

Vamos partir

Era o dia 28 de maio, o mês de Maria. A casa do sr. Chicuta, em Cruzeiro, estava silenciosa e triste porque a filha Maria Luiza, com o coração em festa, partia para o Carmelo. O pai queria acompanhá-la, mas a idade não lhe permitia enfrentar a viagem. A mãe devia ficar com as crianças e cuidando do pai. Quem, então, poderia acompanhá-la a São Paulo e depois a Mogi das Cruzes para entrar no Carmelo? O primo Adolfo, amigo da família, jovem sério e amado por todos, a acompanhou. A despedida foi simples, mas tocante. Nas despedidas nos faltam palavras e sobram lágrimas e abraços. As palavras não conseguem expressar o que se passa nos corações que se amam. E tanto Maria Luiza como a mãe tinham a certeza de que não seria uma viagem de ida e volta, mas... Sem volta. A mesma Nossa Mãe vai contando com poucas palavras que, por trás, estão repletas de sentimentos que não se consegue expressar. Tanto a mãe como a filha se abraçam e choram de felicidade e saudade. Felicidade por ver um sonho realizar-se e tristeza porque sabem que a distância fará doer o coração.

> Escrevi ao carmelo e minha entrada foi marcada para 29 de maio, sábado, dentro da oitava de Corpus Christi. Mamãe procurou logo providenciar o pequeno enxoval exigido. E no dia 28 de maio, de madrugada, deixei meu lar amado, com a bênção de meus pais. Descendo a escada, as forças me faltaram e as

lágrimas vieram. A mãe heroica que Deus nos deu – a mim e a meus irmãos – disse-me: "Coragem, minha filha".

Cheguei no carmelo no dia 28, à noite; e de manhã, cedinho, fomos a São Paulo para o atestado de saúde do médico do carmelo. No dia 29, à noitinha, a porta do carmelo Santa Teresinha abriu-se para receber-me. Abracei meu primo Adolfo – que, a pedido do papai, me acompanhara – e dei-lhe a medalha de ouro, de Nossa Senhora, que era da Sarita, mas eu a usava sempre. Esqueci-me de dizer-lhe que a entregasse à mamãe – mas estava certa de que ele faria isso. Deixo aqui uma gratidão para esse primo que, morando em casa, foi sempre um grande amigo para mim.

Maria Luiza partiu com a sua mala, com seu pequeno enxoval, mas dentro do coração levava tanto amor e tanta gratidão pelo sim do pai, a alegria da família, dos amigos, as lembranças do colégio Bom Conselho... Como diz o canto: "partir é um pouco morrer".

Mas, se o grão de trigo não morre, não dá fruto. A vocação não anula os sentimentos, mas amplia-os e os faz mais nobres. Todavia, o amor de Jesus, único amor, supera todos os amores. "Quem ama pai e mãe mais do que a mim", diz Jesus, "não é digno de mim" – palavras que parecem duras, mas não são; são o preço do amor.

No dia 29 de maio, "à noitinha", as portas do carmelo Santa Teresinha, de Mogi das Cruzes, abriram-se para acolher a futura carmelita. Entra-se no carmelo pobre de tudo e rico de amor. Maria Luiza, antes de entrar, faz um gesto simples, mas que significa muito aos olhos de Deus. Ela sempre trazia ao pescoço uma medalha de ouro de Nossa Senhora, lembrança do pai – quase um gesto sacerdotal. Tira-a e a beija pela última vez, entregando-a a Adolfo; mas, na emoção, se esqueceu de dizer-lhe que a entregasse à mãe.

Agora livre de todas as coisas, pode entrar no santuário onde Deus habita. As irmãs, ao recebê-la, cantam a "Salve Regina", o canto tão amado por toda carmelita; e em todos os carmelos do mundo esse canto sobe ao céu, pedindo a Maria, Mãe e Rainha do Carmelo, que abençoe e cubra com seu manto todos os que lutam neste vale de lágrimas.

ERA NOITINHA. ENTRA NO CARMELO

Era noite profunda no coração de Maria Luiza. Uma noite densa, feita de sentimentos, de medo, de ânsia e de angústia. É nessa noite que desce em nós a incerteza. Por um lado, parece-nos um sonho; por outro, sentimos toda a nossa fragilidade.

A sinceridade de Nossa Mãe não esconde esses momentos difíceis e duros. Ela mesma vai dizendo que precisou de alguns dias – talvez alguns meses – para se adaptar ao novo ritmo de vida.

Lendo a autobiografia de Nossa Mãe, podemos imaginar o que se passava com ela.

No início, era tudo novo; mas, lentamente, adaptava-se à vida do carmelo e gostava muito. Mas isso não quer dizer que não tivesse saudade de Borda da Mata e da sua casa, do jardim de Cruzeiro. Muitas vezes se encontrava sonhando e pensando em tudo o que tinha deixado, mas então dava um salto de qualidade e pensava com muito amor no seu Jesus.

Sua mãe, certa vez em que foi a Aparecida, trouxe-lhe um terço bem bonito, pretinho, e ela o colocou logo na cintura no hábito de postulante. Um dia, sua priora, entrando na sala da comunidade, disse: "O médico tal pediu um terço, e esse da Maria Luiza me parece muito bom para dar de presente a ele". Ela sentiu muita dor ao dá-lo, mas se sentiu livre até do seu tercinho.

Deus, que nos ama, nos desapega das pessoas e das coisas lentamente, com doçura, para depois nos pedir sempre mais provas de que o amamos.

A dor e os sofrimentos não tardaram a chegar na vida da jovem postulante.

Era uma tarde do mês de junho. Estava na oração quando a ajudante do noviciado veio perto de mim e me bateu no ombro, dizendo: "Vai à cela da nossa madre, que ela quer falar contigo". Imediatamente me veio o pensamento: "papai morreu".

E era isso mesmo. Num gesto muito bonito, que manifesta a amizade no Carmelo e o clima de fraternidade que deve reinar acima de tudo, quando Nossa Mãe chega à cela da madre priora e se ajoelha, também a madre se ajoelha e, dando-lhe um forte abraço, comunica a triste notícia da morte do pai.

A vida carmelitana não anula a humanidade, nem a dor, nem a tristeza, mas tudo é oferecido a Deus com liberdade e com amor.

Naquele tempo, a clausura era para sempre, e não se admitiam exceções. Quem ama, porém, sabe oferecer, mesmo com o coração sangrando, mas com plena adesão à vontade de Deus. Hoje em dia somos propensos a julgar o passado severamente e duramente. Porém, devemos julgar o passado com os olhos do passado – a história caminha, há uma revelação "narrativa" do amor de Deus que se adapta aos nossos tempos e nos fala com a linguagem de hoje... Ainda veremos coisas que hoje não podemos compreender.

O que mais me consolou – conta a Nossa Mãe – é que minha mãe me disse que meu pai morreu sereno e cheio de amor a Deus; tinha se confessado e tinha prometido que nunca mais deixaria de participar da missa.

Quem busca a Deus de verdade acaba por encontrá-lo, de uma forma ou de outra. Deus tem pensamentos diferentes dos nossos: "os meus pensamentos não são os vossos pensamentos".

NO CARMELO

A morte do pai provocou no coração da postulante uma reação benéfica de santidade, de busca por Deus, de fidelidade ao Senhor. E será nesse mês de junho que ela receberá o seu nome de religiosa: irmã Tereza Margarida – em homenagem a Santa Teresa Margarida Redi, uma santa carmelita italiana de Arezzo, mas que tinha entrado no mosteiro de Florença.

Nascida na Itália, Arezzo, no dia 15 de julho de 1747, Ana Maria Redi foi um dos treze filhos do nobre casal Inácio Fernando Redi e Maria Camila. Ingressou no Carmelo aos dezessete anos, no Mosteiro de Santa Teresa, em Florença, e rapidamente foi admitida ao noviciado, recebendo o nome de Teresa Margarida do Sagrado Coração de Jesus Redi. Teresa, devido à sua experiência sobrenatural com a Santa Madre; Margarida, por ter como grande modelo inspirador Santa Margarida Maria Alacoque, do Sagrado Coração de Jesus, por seu fidelíssimo amor à manifestação do Coração Incandescente do Senhor; e Redi, como demonstração de seu amor pela família, principalmente ao seu querido pai. Santa Teresa Margarida do Sagrado Coração de Jesus Redi, nos últimos anos de sua vida, teve uma experiência mística com Deus. Em um domingo de 1767, enquanto rezava no coro, sua alma entrou em êxtase ao ouvir as palavras de São João Evangelista: "Deus é Caridade, e quem permanece na caridade permanece em Deus e Deus nele". Teve sua alma arrebatada pela ciência do amor divino e ficou três dias em uma espécie de transe. Todas as monjas a viam perfeitamente compenetrada, recitando silenciosamente: *"Deus Charitas est!"* [Deus é caridade]. Ela faleceu no dia 07 de março de 1770, aos vinte e três anos, beijando o coração de Jesus de seu Crucifixo e voltada com o rosto para o sacrário.

A transformação na vida de Santa Teresa Margarida do Sagrado Coração de Jesus aconteceu quando ela descobriu que Deus é amor.

Creio que há uma profunda afinidade espiritual entre essa santa, que morreu aos 23 anos, e a venerável Tereza Margarida brasileira: uma afinidade de amor ao Carmelo e à Igreja, às irmãs doentes; uma atenção toda especial aos últimos, aos que vivem à margem da humanidade, mas também aos que vivem à margem da comunidade.

DEUS É AMOR

Jesus um dia perguntou a Santa Teresa d'Ávila: "Tu, por acaso, sabes o que é o amor?". E Teresa não respondeu nada. Se alguém nos perguntar o que é o amor, nós não sabemos defini-lo, porque o amor não se define, se vive. Percebemo-lo vivo dentro de nós.

"O sofrimento me lançava mais em Deus."

Não ter o que fazer

O tempo do postulantado não foi fácil para Maria Luiza. Ela tinha que se despojar do seu caráter, da sua maneira de agir, e passar longas horas na cela, lendo, rezando. E o tempo passava lentamente... Ela, que, como dirigente da Ação Católica, era habituada a não ter nenhum minuto para si mesma, agora se encontrava com horas e horas para si, devendo preenchê-las com amor, meditação, oferta do tempo a Deus. Nunca podemos dizer o que se passa no coração humano que quer se doar totalmente ao Senhor, que quer colocar Jesus no centro de sua vida e viver aberto à humanidade. No coração de uma carmelita cabe a humanidade inteira, e ainda há espaço para mais alguém. Agora, com o seu novo nome, ela sentia que devia amar e sempre amar, sem buscar a si mesma, mas somente a glória de Deus e o bem dos outros. Na cela pequenina havia um quadro da paixão de Jesus, e irmã Tereza Margarida o beijava e a ele recomendava tudo o que podia. Mas, muitas vezes, o seu pensamento voava para Cruzeiro, e pensava como fariam sua mãe e suas irmãs sem a presença do pai. Não eram distrações, era amor que pulsava no coração dela. Não se pode compreender uma carmelita que não ame apaixonadamente a sua família. É só dar uma olhada rápida nos santos do Carmelo: Santa Teresa d'Ávila amava seu pai, que no início não queria que fosse monja, mas depois se tornou seu discípulo na busca de Deus; São João da Cruz amava sua mãe e seu irmão Francisco; Santa Teresa Margarida amava o pai com amor intenso, e será ele o seu diretor espiritual; Santa Teresinha amava o seu pai, que agora, junto com a mãe, são os santos Luís e Zélia; Teresa dos Andes, Edith Stein, todos e todas sempre tiveram amor pela família. A contemplação nunca exclui, mas sempre inclui.

"NOSSA MÃE" MADRE TEREZA MARGARIDA: O SORRISO DE DEUS

Irmã Tereza Margarida lentamente encontrou o caminho para ampliar o seu coração e "preencher" o seu tempo com pequenos trabalhos, escrevendo poesias e, especialmente, com a oração. No Carmelo, há costumes lindos que servem para ajudar na vida espiritual e na vida fraterna. No fim do mês de junho, foi sorteado o santo protetor para cada irmã. É um ato comunitário, poder-se-ia dizer um ato litúrgico, no qual, em um cesto bem-preparado com flores, bem arrumado – como só as monjas sabem fazer –, são colocados os nomes dos santos comemorados naquele mês. O santo que irmã Tereza Margarida tirou foi o profeta Elias. Alguma irmã deu a sua alfinetada amorosa: "Esta quer voar ao céu no carro de fogo, como o nosso Pai Santo Elias". E Nossa Mãe, que era pronta e intuitiva nas respostas, disse: "O meu coração arde de amor pelo Senhor".

Os dons da noviça Tereza Margarida começaram a aparecer. Sabia tocar piano, sabia escrever poesias... Sabia fazer tantas coisas... E as irmãs começaram a pedir.

Deixemos a palavra à Nossa Mãe:

No último dia de junho tirou-se, como é costume, a sorte do mês: um santo protetor, uma virtude a praticar, uma intenção a rezar. Para mim saiu nosso Pai Santo Elias, 20 de julho. Eu exultei e falei com grande alegria: "Meu protetor é nosso Pai Santo Elias!". Uma irmã, das mais velhas, falou: "Olha a alegria da postulante. Será que é porque nosso Pai Santo Elias subiu ao céu num carro de fogo?". Eu respondi logo: "Não, é porque ele ardia de zelo pelo Deus dos exércitos!". Era assim que eu procurava viver. Continuava a viver procurando a união divina, coração sofrido, pensando em casa, no que estariam fazendo sem o papai. Marcinha é minha afilhada de crisma. Entregava-a a Jesus, pedi-lhe para substituir-me em casa e junto dela. Em 16 de julho eram a festa e a novena, feitas só na clausura; e depois, no fim do mês, a festa de Santa Marta, que era da obrigação das noviças. Éramos umas sete, das quais a única postulante era eu. Além do "banquete" que se preparava para a comunidade, festejando as irmãs leigas, ou as "irmãs de véu branco", tinha-se que fazer uns versos para elas. No nosso convento só havia uma. As minhas companheiras, combinando a festa, se embaraçavam e não sabiam fazer os "versos". Uma delas lembrou-se: "Quem sabe a postulante é capaz de fazê-los para nós". Perguntaram-me. Respondi: "Posso tentar. Mas o que devo escrever, qual o assunto?". Elas me contaram algumas coisas engraçadas acontecidas com nossa irmã Ana – a festejada – e... Eu fiz os versinhos com a música de "O Pinhal". Minhas companheiras gostaram muito e, na hora da festa, aconteceu o mesmo com as irmãs, que riram muito, elogiando muito os versinhos; e fizeram-me, daí em diante, a poetisa da casa. Daí em diante, a pedido delas, ou para dar-lhes alegria, quantos versos eu fiz! Estão eles espalhados por aí, nos carmelos, nas famílias das irmãs. Agora não escrevo mais poesias, e nem precisa, pois há coisas tão lindas, tão cheias de Deus nos cantos pastorais, e em outros setores... Eu os saboreio. Naquele tempo, era costume e até obrigação fazer versos, para o recreio, em algumas datas.

A noviça Tereza Margarida, que no início se queixava de não saber o que fazer para preencher o tempo, sente agora que as vinte e quatro horas não são suficientes para fazer tudo o que é necessário. A oração no centro, o trabalho, os pequenos serviços, escrever poesias para alegrar o coração das irmãs... Uma de suas características, sempre presente, era alegrar. Alegria que nasce do coração e, como perfume, se espalha, não se sabe de onde vem, mas se sente e torna a vida mais agradável.

Alegria e... Desilusão

A vida do Carmelo, monótona para quem não a ama, é uma música silenciosa, um encontro constante de amor, e uma alegria de paraíso antecipado para quem ama. A vida carmelitana é feita de pequenas alegrias: ser aceita para entrar no Carmelo, depois tornar-se postulante, a vestição e o início do noviciado, a profissão e o viver fiel à regra e às *Constituições* – mas, tudo isso, não de uma maneira passiva, e sim ativa e dinâmica.

No dia em que Maria Luiza recebe seu nome religioso, a madre priora lhe diz: "Seu nome de carmelita será irmã Tereza Margarida do Coração de Maria!".

Deixemos a palavra a Nossa Mãe:

> Quando nossa madre Raymunda pronunciou o meu novo nome diante das irmãs, meu coração pulsou forte – eis a realização do meu pedido constante: "Mãe, que o vosso Coração seja o lugar da união entre Tereza Margarida e Jesus". E eu não comentara isto com ninguém! Como Deus é bom!
>
> De acordo com a família, marcou-se a data da recepção do hábito para 16 de janeiro de 1938. Naquele tempo, era muito festejado aquele dia. Por causa da *História de uma alma*, todos da família, inclusive padre João, pensavam que eu sairia da clausura naquela cerimônia; por isso, todos vieram, a família inteira, mamãe, irmãos e sobrinhos, a cozinheira Ditinha, a pajem do Flávio, amigos e jovens da Ação Católica. Pela vida de Santa Teresinha, a minha família sabia que naquele dia sairia da clausura para abraçar os pais. Nada disso houve, pois, desde o Código Canônico de 1918, tinha-se suprimido essa saída da clausura. Eu já senti bem no coração a decepção dos meus

queridos. A cerimônia era muito simples. A igreja estava repleta de assistentes. A família toda de luto. Mamãe, muito abatida e como uma pessoa amiga, disse: "Era a personificação da dor". Na minh'alma, era também noite, sem uma estrela de consolação espiritual. Mas a luz da fé, da certeza de estar fazendo o que Deus queria de mim, nunca me faltou.

Terminada a vestição, todos voltaram para a própria casa, um pouco ou muito desiludidos. Esperavam dar o último abraço em Maria Luiza, agora Tereza Margarida do Coração de Maria, mas não foi possível.

A vida nos pede sacrifícios que, dentro de nós, achamos desumanos, não compreendemos totalmente, mas, por um amor maior, que é Cristo, aceitamos. Ofereço-te com alegria, Senhor, o que não compreendo e não entendo, para fazer a tua vontade, que é sempre amor.

São João da Cruz diz: "Deus coloca na noite aqueles que quer levar à contemplação". Não se pode compreender com a nossa inteligência, mas somente caminhando, revestidos de fé, de amor, de esperança. Teve nesse tempo raios de luz, de alegria, como a celebração da eucaristia presidida por seu irmão, padre João, que fez uma belíssima homilia sobre as bodas de Caná. Mas o sol não brilhava na sua alma, sentia o peso da noite e o medo da escuridão.

Meu irmão, padre João, naquela ocasião fez uma belíssima homilia, na qual ele pôs como final a palavra de Nossa Senhora no evangelho do dia, que era o das bodas de Caná: "Agora eu digo à noivinha de Jesus e à nossa querida família o que disse Maria, a Mãe de Jesus, aos servos nas bodas de Caná: 'Fazei tudo o que ele vos disse'".

Os sapatinhos de Jesus

"E o sapatinho já vai morrer,
Num fogo lento, vai ser queimado.
Mas que importa, se seu viver
Foi dar prazer e ser amado?"

Noite, escuridão. Que fazer? É necessário viver de esperança e esperar que passe, procurando que a noite não desça ao mais profundo do nosso coração, onde habita Deus, que é luz e amor e nos comunica a força necessária para não desanimar. O noviciado não é, normalmente, um ano de "noite", mas de entusiasmo, em que tudo é novidade e em que se aprendem os segredos da vida carmelitana, da vida comunitária, da oração. Um ano de iniciação, em que devemos nos despojar de tudo o que não é Deus. É um caminho de purificação.

Na sua autobiografia, Nossa Mãe fala desse período. Uma das coisas que colocou em risco a sua saúde foi o "peso do hábito". Naquele tempo tinha-se umas ideias erradas de fidelidade. Era necessário ter o hábito como o de Santa Teresa, de lã, pesado; e, no tempo do verão, era difícil. Mortificações, tempos de solidão, penitências... Eram preceitos aos quais a noviça deveria se habituar para poder estar sempre na presença do Senhor. Hoje talvez não compreendamos essas coisas, mas na vida é assim mesmo. É como naquele tempo em que os filhos se dirigiam aos pais chamando-os de "senhor" e "senhora"; hoje não é mais assim.

Nessa noite escura a jovem irmã Tereza Margarida encontrou apoio e compreensão na priora, a madre Raymunda, uma pessoa de bom senso, que sabia escutar e compreender o sofrimento da jovem noviça.

NO CARMELO

No tempo do advento existe um costume muito bonito nos conventos carmelitanos: cada irmã prepara uma pecinha de roupa para o enxoval do Menino Jesus, que depois é doado para uma criança pobre. Um gesto simples, mas que possui um valor espiritual muito profundo. Um gesto que nos une à "humanidade de Jesus". Um amor querido pela mesma Santa Teresa d'Ávila. Não é que cada irmã escolha o que quer fazer, porque assim poderíamos encontrar, por exemplo, muitas camisolinhas e nenhum sapatinho... E como evitar tudo isso? Num ato comunitário ou durante o recreio são colocados numa cestinha vários cartões, em que se escreve o que cada irmã irá fazer e, então, tira-se a sorte. Irmã Tereza Margarida tirou como sorte confeccionar "os sapatinhos para Jesus". Sentiu-se feliz. Era para ela um serviço agradável e cheio de alegria. Preparou os "sapatinhos" de Jesus com muito amor. E compôs uns versinhos sobre essa pecinha do enxoval. E toda comunidade ficou feliz.

Eis a "História do sapatinho":

Jesus, tecendo seus sapatinhos,
A sua história assim pensei.
E sua sorte, meu irmãozinho,
Com grande amor, eu desejei.

Ó quantas vezes, tão pobrezinho!
Jesus Menino vai precisar
Deste calor dos sapatinhos
Para dormir e não chorar...

E que alegria ele vai ter
Quando surgirem os seus dentinhos
Sempre encontrando para morder
As pobres pontas do sapatinho.

Quando mais tarde embevecido
Ele ensaiar os seus passinhos
Lá pelo chão, enegrecidos,
Vão se arrastar os sapatinhos

A sua lã sabe encobrir
Do chão tão duro a aspereza
E o bom Jesus sempre a sorrir
Vai logo andar com ligeireza.

São dois amigos muito juntinhos
Jesus Menino, de luz radiante,
E os sapatos, já bem velhinhos,
Esburacados... Agonizantes.

E chega, enfim, a doce hora
De dar um fim aos sapatinhos!
Jesus cresceu; então, agora,
Para o que serve este trapinho?...

... E o sapatinho já vai morrer
Num fogo lento vai ser queimado,
Mas que importa se seu viver
Foi dar prazer e ser amado?...
(Natal de 1938)

Era tempo de se preparar para a profissão.

No dia 2 de fevereiro de 1939, festa da Apresentação de Jesus no Templo, irmã Tereza Margarida foi admitida para a primeira profissão. Foi um raio de luz que inundou a sua alma.

Uma vez admitida pelo capítulo, ela procurou preparar-se bem. Até o seu irmão, padre João, enviou-lhe uma carta, colocando alguns pensamentos do Salmo 35, para que ela pudesse se preparar melhor. Lia e relia a carta, e isso a consolava.

As visitas eram raras... As notícias eram raras... E na vida de cada dia não faltavam momentos difíceis, pequenos conflitos, desentendimentos, que na vida de clausura assumem dimensões grandes, às vezes quase insuperáveis. Mas nossa irmã Tereza acolhe tudo com espírito de fé, de amor, e oferece a Deus pelo mundo. O que lhe causa mais sofrimento em certos momentos é a ausência de notícias da família.

Para verificar o caráter de irmã Tereza Margarida, é importante que ela mesma nos diga o seu afeto pela noviça de véu branco, irmã Marta. Pequenos gestos que são importantes.

Na vida de comunidade, também não faltavam momentos bem tristes, difíceis. Talvez tenha sido nesse período de minha vida que eu aprendi estas palavras que brotavam do meu coração: "Humilhai-me, Senhor, cada vez que eu quiser me elevar. Eu vos agradeço, meu Deus. Que tudo em mim cante vossa glória. Tirai-me de mim mesma e lançai-me em vós, ó meu Deus".

No noviciado, eu estava quase sempre sozinha. As irmãs mais antigas iam saindo do noviciado para se preparar para a profissão solene. Irmã Marta Maria, que era minha companheirinha, era irmã de véu branco e, por isso, tinha seus deveres e horários diferentes dos meus. Entravam postulantes, mas não ficavam, saíam logo. Uma dessas ficou mais tempo e éramos muito amigas, fazendo um trio alegre. Contudo, a sua saúde começou a ressentir-se muito, e teve que sair. Lembro-me que irmã Marta Maria e eu choramos e sofremos muito. Continuamos nós duas. Para não a deixar sozinha no noviciado, eu não fiz o ano que se passava na comunidade antes da profissão solene. Quando chegou a oitava da Páscoa, dias nos quais é permitido conversar uma irmã com outra, chamados "dias de licença", as irmãs professoras pediram à nossa mãe Raymunda para poderem conversar comigo, já que, pela lei, eu já deveria estar na comunidade com elas. Fiquei muito comovida com esse gesto delas; e assim foi feito. Eu também amava a todas elas com muito carinho. Foi irmã Evangelista a primeira a pedir isso.

É nesse tempo que Tereza Margarida encontra os seus amigos espirituais: Santa Teresa d'Ávila, São João da Cruz, Santa Elisabeth da Trindade. Com esses bons amigos, enfrentam-se todas as lutas, e as noites, embora pesadas e difíceis, são atravessadas com esperança.

Caminhando entre noites e desertos, mas com momentos de luz e de paz, chega o dia de sua profissão solene, em 2 de fevereiro de 1942. Na sua autobiografia, ela anota com sabedoria e com um significado especial: "Naquele ano, morriam no campo de concentração nazista Edith Stein, carmelita descalça, e Tito Brandsma, carmelita" – dois carmelitas que souberam doar a vida com coragem, contra todas as injustiças. Nossa Mãe sempre sentia uma forte aversão a tudo o que é injusto e fere o coração e a dignidade das pessoas.

"Quero tudo sofrer pelas almas, pela Igreja, para vossa glória, ó meu Amado."

NO CARMELO

'Podia sozinha levar à frente a paróquia

No dia da profissão solene, tudo foi bem-organizado. Naquele tempo... É normal, hoje em dia, dizer "naquele tempo" ou "era uma vez", como nas antigas fábulas. A Igreja e o Carmelo caminham com o tempo e sob a força do Espírito Santo e se renovam novamente. Quando nós contamos a vida de dez anos atrás, somos quase obrigados a dizer "no meu tempo era assim...". Mas agora não é. A celebração foi feita no coro, na presença da comunidade. Durante o canto da ladainha, a professa se prostrou por terra para invocar todos os santos, para que viessem em ajuda a quem se consagra totalmente ao serviço de Deus. Depois emitiu a sua profissão nas mãos da priora, que representava a Igreja e o Carmelo. A fórmula, "naquele tempo", era a seguinte:

Vota mea Domino reddam in conspectu omnis populi ejus in atrus domus Domini.

Eu, a irmã Tereza Margarida do Coração de Maria, faço minha profissão solene e prometo obediência, castidade e pobreza a Deus Nosso Senhor, à bem-aventurada Virgem Maria do Monte Carmelo e a vós, reverenda madre priora, e às vossas sucessoras, segundo a *Regra* primitiva da Ordem dos Carmelitas Descalços e às nossas *Constituições*, até a morte.

A missa foi celebrada por Dom João, mas a homilia foi feita pelo pároco, padre Ramon:

Nesse dia, quem fez a homilia foi o padre Ramon Ortiz, com o qual eu trabalhei na Ação Católica e que era nosso vigário e grande pregador. Ele disse à nossa madre Raymunda, conforme ela me contou: "Admirei muito a entrada da Luiza no Carmelo, porque ela, sozinha, seria capaz de levar adiante nossa paróquia". E eu estava e estou no Carmelo, onde nunca me faltou a cruz, mas também nunca me faltou Jesus. Sentia em mim a sede do apostolado, mas vi que, pela oração e imolação, seria e faria o melhor apostolado.

O coração da irmã Tereza Margarida sempre foi cheio do espírito missionário e o será para sempre. Ela vivia na clausura, amava a clausura, mas o coração, nas asas do amor, corria lá onde o sofrimento era maior. E, quando foi madre em Três Pontas, o amor pelos pobres sempre foi e será a característica desse carmelo. Uma tradição que vem da mesma Santa Teresa d'Ávila e do mesmo São João da Cruz, e que nunca se apagou, mas essa chama de amor sempre brilhou e brilha nos carmelos e nos conventos dos frades queridos por Santa Teresa. O ardor apostólico e missionário era chama viva no coração da jovem professa.

A festa do dia da profissão acabou... E tudo lentamente voltou ao normal.

À tarde terminou a festa com a família, mas continuou dentro da comunidade, na qual Tereza Margarida cantou a sua pequena poesia, composta por ela por ocasião da sua profissão; o último verso dizia:

> Quando puser sobre o altar de Maria
> esta coroa, as flores deste dia,
> quero dizer-te, ó Jesus, que agora
> minha alegria será tua glória.

A priora, madre Raymunda, retirou-lhe a coroa de rosas, e as irmãs sentiram a alegria de ter agora, para sempre, uma irmã no Carmelo, uma irmã amada pelas suas qualidades humanas e espírito carmelitano.

NO CARMELO

Quando, à noite, ela tirou em sua cela, pela primeira vez, o seu véu preto, e este caiu sobre a cama, sentiu entrar no seu coração uma tristeza imensa, um peso, uma angústia. Deus prova assim aqueles que ama. Uma outra noite escura, em que tudo parecia inútil, uma alegria misturada com tristeza, como Jesus no Horto das Oliveiras.

E paga toda dívida!
Matando, a morte em vida me hás trocado.

A graça de Deus e o amor de Deus nunca nos abandonam, mas sempre nos sustentam e nos dão força para caminhar sem medo. Os caminhos de Deus não são os nossos, e não se pode ver e sentir a presença de Deus se não nos deixamos purificar por ele.

Antes de minha saída do noviciado, nossa madre Raymunda falou-me: "A filha vai ter uma vida difícil como professa, pois a comunidade faz de você o que quer". Passaram-se alguns dias ou uns meses de vida de professa solene, e uma irmã, muito querida, que tinha grande intimidade espiritual comigo, chamou-me e disse-me: "Irmã Teresa Margarida, o que foi que você fez? Você tem a comunidade toda a seus pés!". Sorri e nem sei o que respondi. Hoje eu digo: fiz sempre o que Deus me inspirou. Dei muito amor a todas e vivia as lições e os bons exemplos recebidos em minha querida família, e que Jesus burilava, aperfeiçoava, divinizava. Sempre sentia e agradecia a bondade, o amor, a misericórdia dele.

"Minha dor é meu louvor."

Quem ama vê, sofre e cala

Santa Teresa Margarida Redi do Coração de Jesus, a Santa de Florença, é uma santa jovem, mas com um coração grande e cheio de amor. Ela teve como diretor espiritual o seu pai, Ignácio Redi, homem de fé. Há poucos escritos dela, mas temos algumas frases. Uma delas irmã Tereza Margarida escolheu como lema para sua vida: "Quem ama vê, sofre e cala". Uma frase em sintonia com a espiritualidade de São João da Cruz e de Santa Teresa d'Ávila. O sofrimento aceito por amor não é pesado:

> Vinde a mim todos os que estais cansados e oprimidos, e eu vos aliviarei. Tomai sobre vós o meu jugo, e aprendei de mim, que sou manso e humilde de coração; e encontrareis descanso para a vossa alma. Porque o meu jugo é suave e o meu fardo é leve (Mt 11,28-30).

A vida começou a fluir tranquila por um curto período; depois veio alguma tempestade, e, de novo, bonança. Mas lentamente, com a ajuda do confessor – que era um carmelita calçado, o frei Emygdio, OC –, ela começou a fazer um caminho espiritual.

Um dia será esse padre que, durante a confissão, pergunta: "A Senhora que é a irmã do padre Rezende?". À sua resposta afirmativa, ele continuou: "Eu não o conheço, mas um de meus confrades o conhece e o aprecia muito". Isso foi uma grande alegria para seu coração, não raramente visitado pelas tristezas da vida e pelas poucas notícias da família.

NO CARMELO

QUERO FICAR SOZINHO...

Um dia, arrumando a sua cela antes de ir para portaria, sentiu dentro do seu coração uma voz interior que lhe dizia: "De agora em diante, eu quero ficar sozinho". Essa voz, percebida claramente, era Jesus, que tomava posse do seu coração e queria ser o seu único diretor espiritual. Ela guardou esse segredo no seu coração. Continuou a ter um diálogo espiritual com a madre Raymunda, mas, com essa voz de Jesus, desapareceu em um instante a noite escura que havia durado seis anos. Assim faz Deus: leva-nos com amor aonde e como ele quer. É necessário somente deixar-nos guiar por ele e esperar que um raio de sua luz rompa para sempre as noites mais escuras.

Em 1943, aconteceu um grave acidente de avião, em que morreram Dom José Gaspar de Afonseca e Silva, arcebispo de São Paulo, e mais dois sacerdotes. Esse foi um dia muito tumultuado na comunidade, pois um dos sacerdotes falecidos era diretor espiritual da madre Raymunda. Irmã Tereza Margarida era responsável pela portaria, entregou a chave e foi rezar. No seu coração sentiu mais uma vez a voz de Jesus, e uma grande paz interior inundou o seu coração... Era Jesus que queria conduzi-la pelos caminhos do seu amor.

Deixou de ser porteira e foi chamada para o noviciado. Tinha somente trinta anos. Foi necessária a dispensa de Roma para ser ajudante da mestra de noviças, a irmã Nazaré, que mais tarde será a fundadora do carmelo de Passos. Eram cinco noviças, e uma delas era irmã Bernardete, uma amizade que continuou pelo resto da vida.

Com o passar do tempo, Nossa Mãe reconhece que foi muito severa com as noviças. Padre João, seu irmão, lhe disse: "Nós, que começamos muito cedo, aprendemos com os nossos erros". Foi uma boa lição para que ela fosse mais compreensiva. Saber escutar a voz de Jesus... Ele é o mestre único que nos ensina a pedagogia de conduzir as almas, não para onde nós queremos, mas para onde ele quer.

Nas primeiras eleições, quando era ajudante do noviciado, foi eleita primeira conselheira, e a madre Raymunda foi eleita priora para o carmelo de Cotia, recém-fundado. Como priora de Mogi das Cruzes, foi eleita a irmã Nazaré: era a mais jovem, mas sabia conquistar o coração das irmãs e era muito amada por todas. A irmã Tereza Margarida se dedicava totalmente ao serviço de todas. A sua saúde frágil se ressentiu e, no segundo ano do cargo como subpriora, ficou doente. Entra em cena o médico Carlos Rioma, que não só será um médico competente, mas um amigo por muitos anos. Era difícil encontrar-se com a irmã Tereza Margarida sem fazer nascer a flor da amizade, uma amizade que sempre tinha uma longa vida. Não eram amizades passageiras, mas lançavam raízes de ajuda e de fraternidade.

A amizade com Jesus se faz sempre viva. Irmã Tereza Margarida faria exames para verificar a gravidade da situação dos pulmões e, na oração, ela percebe uma voz que lhe dizia: "Não vai aparecer nada". Interpreta como uma graça muito grande o fato de nada de grave ter sido constatado. E recomeça o seu caminho na comunidade, com todos os compromissos e com sua arte de amor e delicadeza.

UMA VISITA DE ALEGRIA

É nesse momento que vem ao Brasil, para uma visita, "o grande padre Silvério", geral da Ordem, grande historiador e enamorado do Carmelo.

Deixemos que a irmã Tereza Margarida nos conte:

Naquele tempo, veio ao Brasil o grande carmelita, frei Silvério de Santa Teresa, geral da nossa Ordem, com licença do santo padre para visitar e entrar nos carmelos. Era um grande homem, um perfeito carmelita, um santo. Encantou a comunidade toda. Ele falou-nos com muita bondade e sabedoria das belezas de nossa vida. Perguntou-nos que cerimonial observávamos, ao que respondemos: "O cerimonial francês, feito no carmelo de Clamart". Ele calou-se. Percorreu a casa e, no refeitório, perguntou-nos: "Quais são suas refeições ao dia?". Respondemos: "Temos duas refeições, o almoço, chamado jantar, às 11h, mais ou menos; e a ceia, ou colação, às 6h da tarde". Ele disse: "Nada tomam de manhã?". Respondemos: "Nada". Ele continuou: "Na Europa, as irmãs já estão tomando uma pequena refeição". Desde aí, começamos a tomar o café da manhã, que não havia no carmelo, nem nos domingos e festas mais solenes, como Natal e Páscoa, a não ser em caso de doença. Em cartas, contamos para nossa madre Raymunda, que estava em Cotia, como priora. Ela mostrou-se alegre e falou-nos, por carta, que já sabia daquela visita importantíssima, e até já convidara o padre geral para ir visitar o carmelo de Cotia.

No entanto, terminava também o tempo de ser priora em Cotia. Muitas coisas foram acontecendo, e madre Raymunda voltou para o carmelo de Mogi. E foi uma grande alegria para as irmãs. A visita do padre Silvério ajudou muito, especialmente no que diz respeito ao cerimonial da Ordem. É uma questão de liberdade: cada comunidade deve ter a sua liberdade de fazer o próprio cerimonial, que seja sujeito aos tempos e aos lugares onde as monjas se encontram.

Veio, então, nessa época a proclamação do dogma da Assunção, e as coisas secundárias passaram imediatamente. Deus nos ensina a dar mais importância ao que é importante e a relativizar as coisas não importantes.

Em 1999, o padre geral, frei Camilo Macisse – que, sendo da América Latina, do México, compreende melhor a nossa realidade –, em sua simplicidade e profundidade nos abriu os olhos e o coração, dizendo: "Se quiserem problemas, façam um cerimonial. E, se quiserem complicar e aumentar problemas, façam aprovar esse cerimonial pela Santa Sé!". Muitas normas denotam uma pobreza do carisma. O apóstolo Paulo nos convida a uma única lei que deve orientar a vida: a lei do amor (Gl 5,13). O mínimo de lei e o máximo de carisma. No início, eram poucas as leis; mas, com o passar dos tempos, aumentam sempre mais. No final, somos escravos das leis. A irmã Tereza Margarida sempre respeitou as leis, mas o seu coração, diante das necessidades das irmãs, dava a primazia à lei do amor e da compreensão.

"Entrei no Carmelo, onde Deus me queria e me guarda até hoje... Alegrias e dores, que fazem o rosário de toda a vida neste mundo, foram se desfiando. Nunca tive a menor dúvida quanto à minha vocação."

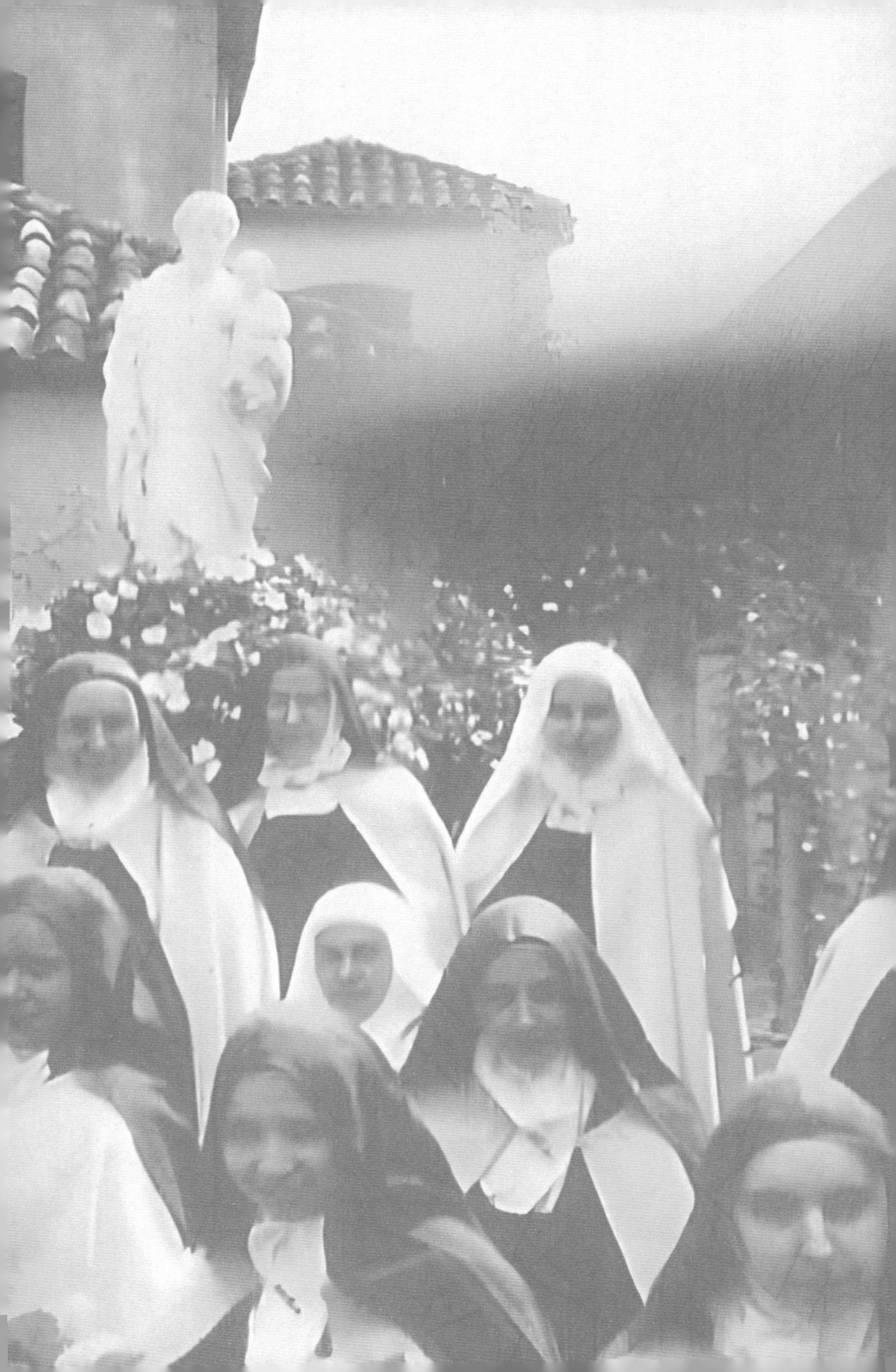

*"A comunidade do carmelo Santa Teresinha,
o meu carmelo querido, berço de minha vida religiosa,
transladou-se inteiro para Aparecida,
a terra de Nossa Senhora."*

DE MOGI PARA APARECIDA

Para Aparecida

A localização do carmelo em Mogi não era das melhores. Havia muita umidade, que minava a saúde das irmãs, e então se começou a pensar seriamente numa transferência do carmelo. Para onde? Quando? Como? São perguntas que começaram a mexer com o coração e a mente das irmãs. Nesse tempo, houve eleição. A irmã Tereza Margarida deixou o cargo de subpriora e voltou para a portaria. Mas, junto a esse cargo, foi nomeada responsável das irmãs externas – uma grande riqueza para o Carmelo e um tesouro no coração da irmã Tereza Margarida. As irmãs externas são verdadeiramente carmelitas, mas com a possibilidade de entrar e sair da clausura para todas as necessidades das irmãs. São anjos bons, que cuidam do relacionamento dos leigos com as irmãs no carmelo. São pessoas sábias, que sabem filtrar com amor as notícias. Velam com amor e dedicação sobre o carmelo. Mais tarde, as irmãs externas serão uma novidade no carmelo de Três Pontas, onde viverão a alegria da vida carmelitana, que contagia quem se aproxima do carmelo.

Nos últimos anos em Mogi das Cruzes, muitos fatos ocorridos tocaram profundamente o coração de irmã Tereza Margarida que, sempre atenta aos sinais de Deus, sabia acolher tudo com amor e silenciosa adoração da vontade de Deus. A saúde de madre Raymunda era cada vez mais frágil, e mesmo as notícias da família em Cruzeiro não eram as melhores. As monjas costumam fazer anualmente um retiro pessoal de dez dias. Mesmo sem vontade, irmã Tereza Margarida se dedicou com afinco aos dez dias, refletindo a palavra de Deus e de Santa Elisabeth da Trindade. Será a mesma madre Raymunda que lhe permitirá ler o livro de Elisabeth, com uma frase que orientou o seu retiro: "Que eu me encontre nele". Essa frase será o pão substancioso desse seu retiro.

Em companhia do Santo Padre João da Cruz e de Santa Madre Teresa, começou o seu retiro, mas com o coração cheio de apreensão pela saúde de madre Raymunda. Uma irmã colocou debaixo da sua porta um bilhetinho, ela não quis lê-lo em seguida, mas esperou em oração. Vivia uma outra experiência da noite da fé. Pensou logo em pegá-lo, mas sentiu o pedido de Jesus e não se levantou. Leu, então, a seguinte estrofe da "Noite Escura":

> Esquecida fiquei
> O rosto reclinado sobre o Amado.
> Tudo cessou – Deixei-me
> Largando meu cuidado
> Por entre as açucenas olvidado.

Lemos em suas memórias:

Ele tomou-me e transformou-me. O que eu li se realizou em mim... Deixei-me... Largando meu cuidado. Por entre as açucenas olvidado.

Ó, meu amado Jesus, que retiro de graças foi este! Senti-o junto de mim! Foram dias de céu na terra, e, no último dia, não mais o senti junto de mim, mas achei-me na Trindade amada, tal qual aquela frase que nossa madre Raymunda fez-me ler no livro dela, na véspera de meu retiro: "Que eu me encontre nele...". Ó, meu Deus uno e trino, como é imensa vossa misericórdia! Como é infinita vossa ternura para a vossa pequenina criatura! No último dia deste retiro abençoado, nossa madre Raymunda, já melhor de saúde, mandou chamar-me. Contei-lhe a graça recebida e lembro-me ainda de seus olhos brilhando de alegria; na verdade, ela me amava muito, e quanto bem dela eu recebi! Tenho o seu retrato na parede de nosso ofício e no meu coração. Mas... Jesus queria ficar sozinho, como ele disse. Naquele tempo, amar demais me faria mal. Hoje? Amo muito, amo a todos, e tudo que eu amo, amo nele, com ele, por ele, na liberdade, que é seu dom. Como ele é bom! E como é bom sentir-se amada e deixar-se amar por ele!

AMAR A PRÓPRIA FAMÍLIA

Uma das características que distinguia a irmã Tereza Margarida no Carmelo era o amor que tinha por sua família. Falava dela com uma alegria íntima e cheia de paz. Era uma família grande, rica de dons e cheia de ternura. Todos cuidaram com carinho da mãe, que, pela idade, era sempre mais frágil. E, do carmelo, irmã Tereza Margarida encorajava a todos, envolvendo-os na oração. Lembrava-se de todas as pessoas e rezava com fervor para que a família permanecesse unida no amor e na paz. Ela cita uma frase atribuída a Santa Teresinha: "Não compreendo um santo que não ame a sua família". E, se olhamos os santos do Carmelo, todos amaram sempre com imenso carinho a própria família.

O amor pela família não morre para o carmelita, mas se purifica e se torna ainda mais forte, mais forte do que a morte.

No carmelo de Mogi há muito o que fazer para preparar a transferência para Aparecida, num terreno que foi doado. Ao mesmo tempo, nascem dois novos carmelos: o de Passos e o de Santos. O Deus da vida é sempre fecundo. Santa Teresa queria que em todos os centros da Espanha tivesse, como ela dizia, "um pequeno pombal". Treze monjas e, uma vez ultrapassado esse número, que se pense numa nova fundação. Uma visão sadia e bonita da vida religiosa: semear pequenas comunidades no coração das cidades.

No entanto, na família de Tereza Margarida, o irmão – padre João – será eleito conselheiro geral da Congregação Salesiana. E em 1953 será sagrado bispo em São Paulo, para a Diocese de Ilhéus, na Bahia. A mãe participou em São Paulo da sagração do filho como bispo. Naquele momento, todas as dores foram embora, pela alegria de ver o filho como bispo.

A saúde frágil de irmã Tereza Margarida ressentiu-se, talvez pelas fortes emoções e pelo trabalho. Ela foi obrigada a entregar-se serena nas mãos do dr. Carlos Rioma, que já havia tratado dela na primeira vez e agora era um amigo seguro e amável, preocupado com a saúde dessa generosa irmã. O caso era encontrar um ambiente onde o ar fosse bom. Pensou-se em São José dos Campos, onde a madre Maria Tereza de Jesus Eucarístico tinha fundado a Congregação das Pequenas Missionárias de Maria Imaculada, precisamente para tratar os doentes de tuberculose. Atualmente, madre Maria Teresa também está em processo de canonização. Uma alma que tinha tentado entrar no carmelo de Mogi, mas não foi aceita por falta de saúde.

Já a irmã Tereza Margarida tinha se tornado uma porteira de primeira qualidade, pela sua prudência, amor e zelo pelo carmelo. Foi nomeada também como responsável pela formação das irmãs externas e, mais tarde, das noviças. As vocações chegavam, e então se pensou numa nova fundação.

É TEMPO DE PARTIR...

A vida de irmã Tereza Margarida é um constante peregrinar; é um êxodo até chegar a sua terra prometida, a sua Minas Gerais.

Começou-se a falar de uma fundação na Diocese de Campanha. Eram vozes que iam e vinham, não muito concretas, mas, "onde há fumaça, há brasa".

A "noite" continuava na alma da irmã Tereza, mas, normalmente, quanto mais se vive na noite, mais Deus precisa do nosso sim generoso e total; e não se pode negar nada, porque ele, no seu amor, dá tudo por nós. Deus tem a sua pedagogia. E, na hora, não compreendemos por que pensa em nós. Depois, lentamente, começamos a compreender que ele quer pessoas pobres, frágeis, para realizar os seus projetos. Como diria Santa Teresinha: "Jesus não necessita das nossas obras, mas do nosso amor".

Assim foi a fundação do carmelo de Santos, e assim foi a fundação do carmelo de Três Pontas. Como é grande o nosso Deus, que sabe escolher o que é frágil, o que aparentemente não tem qualidades humanas nem saúde, mas escolhe os frágeis para construir as suas obras.

"Agarrava-me ao meu amado, Jesus." Essa frase, que é uma oração e uma adesão profunda à pessoa de Jesus, será sem dúvida o lema de toda a vida da irmã Tereza Margarida. Curada em São José dos Campos, na casa das Pequenas Missionárias de Maria Imaculada, estando de novo pronta para a luta e para doar-se totalmente a Jesus e à vida do Carmelo. O amor a Jesus e a Santa Teresinha é luz no seu caminho de perfeição pessoal e comunitária. Um amor silencioso, feito de fé e de esperança.

"Ó feliz ventura sair sem ser notada, já estando minha casa sossegada", canta o poeta místico e pai do Carmelo, São João da Cruz:

> Em uma noite escura,
> De amor em vivas ânsias inflamada
> Oh! ditosa ventura!
> Saí sem ser notada,
> Já minha casa estando sossegada.

Quem caminha na noite sabe que não se deixa guiar por si mesmo, mas por Deus.

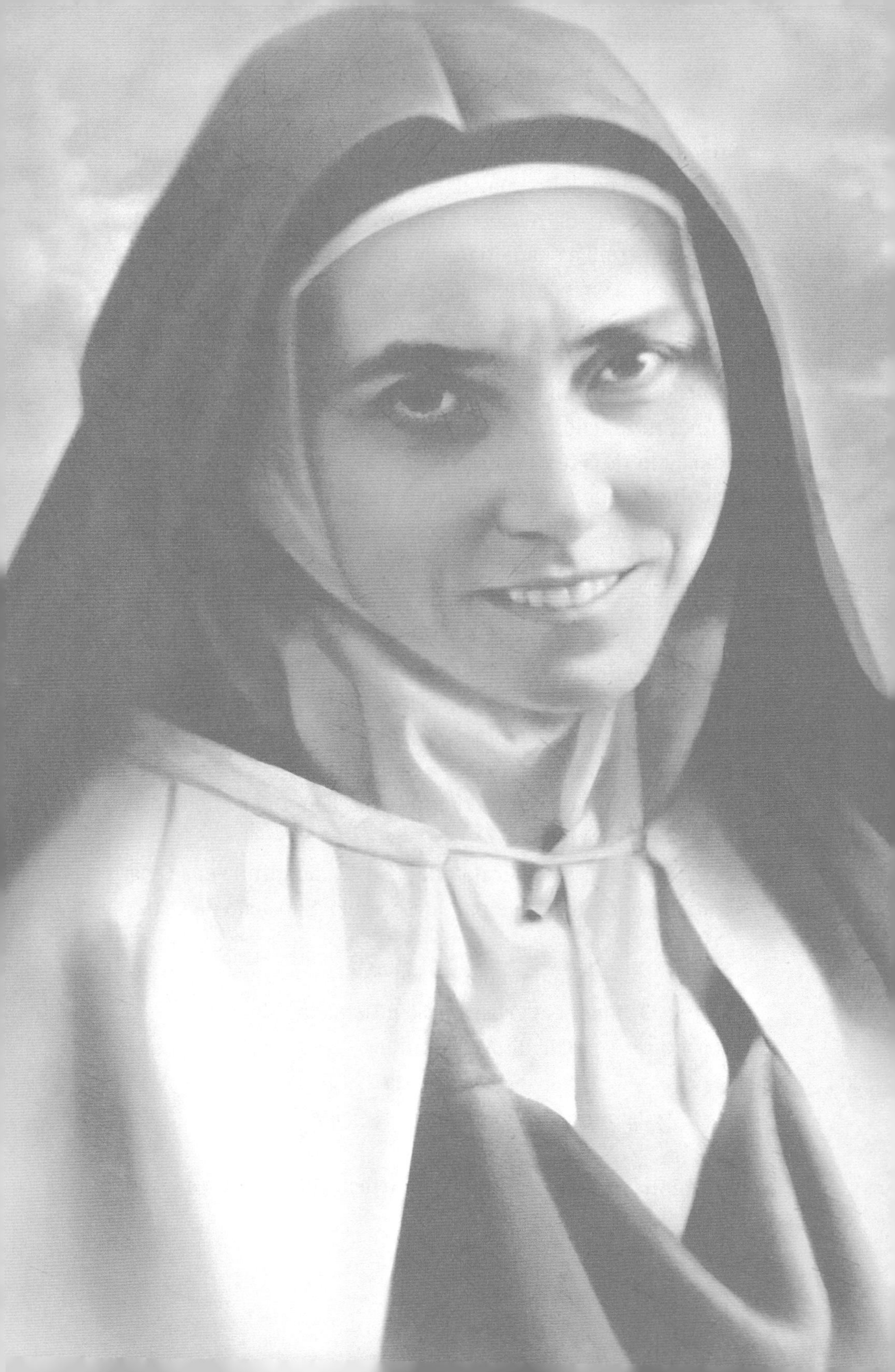

"Cultivemos em nós a gratidão por tudo o que Deus nos dá. Cultivemos o desejo de vê-lo no céu."

PREPARATIVOS PARA A FUNDAÇÃO

Três tentações que nunca tive

A voz de uma nova fundação em Campanha ia sempre aumentando de tom. E devemos isso a monsenhor Mesquita, vigário geral da diocese e grande admirador do Carmelo e de Santa Teresinha. Um dia, perto da festa da Santa Madre Teresa, a irmã Tereza Margarida estava na oração da tarde quando foi chamada por madre Raymunda, que, com muita simplicidade e humildade, com seu jeito meigo, ao qual não se pode dizer "não", disse-lhe: "monsenhor Mesquita, nosso grande amigo, insiste em querer a fundação de um carmelo na Diocese da Campanha... E eu pensei na filha. Vossa caridade aceita?". Era a linguagem exata para desmontar, derrubar qualquer resistência no coração da jovem Tereza Margarida, que respondeu de maneira gentil e, ao mesmo tempo, profunda.

Deixemos que ela mesma nos conte com um sutil véu de humorismo, próprio dos mineiros:

Três tentações que eu nunca tive na minha vida: a tentação contra a minha fé, contra a minha vocação, e a tentação de ter em casa qualquer cargo de destaque, mas... Estou para obedecer. Começou, na minha vida, um período totalmente inesperado, bastante doloroso e vivido num contexto de silêncio, de segredo, que não é do meu modo de ser. Nossa mãe (madre Raymunda), com todas as virtudes e dons, não era comunicativa e preferia sempre o silêncio, a discrição; e quando, às vezes, era de última necessidade, utilizava a comunicação amiga, maternal, fraterna. Monsenhor Mesquita, entusiasmadíssimo com o Carmelo, já pediu uma viagem nossa a Campanha para conhecer a casa, a igreja que serviria para o futuro carmelo, sonho dourado dele. Era janeiro, mês de muito calor. Monsenhor Mesquita foi de carro, com minha irmã Margarida e seu esposo. Viagem péssima, pois nossa mãe Raymunda passou bem mal. Fomos hospedadas com muito carinho e alegria no colégio de Sion.

O bispo, Dom Inocêncio, recebeu-nos com muita frieza, para não dizer com bastante desprezo. Já percebemos: sua excelência está só se curvando, até de má vontade, a um desejo de seu vigário-geral. Graças a Deus, só estava nessa aventura por obediência, por amor de nosso Jesus. Por mim mesma, só sentia repugnância e tristeza. Mas procurava esconder esses sentimentos. Em todo o tempo que estive em Campanha, dois ou três dias, no meu coração uma voz dizia: "Não se acende uma lâmpada para pô-la debaixo de um alqueire". Não entendia nada. Agora, vendo o nosso carmelo prosperar e ser tão amado, e esta comunidade tão boa, eu penso: Jesus já via tudo isto, fruto de seu amor, amor misericordioso.

Quando as obras são de Deus, não adianta que as pessoas se coloquem contra. E, para comprovar essa tese, é suficiente ler o livro das *Fundações de Santa Teresa de Ávila*, que tinha como princípio que, quando se encontram muitas dificuldades e adversidades para a realização de uma fundação, é sinal certo de que Deus quer a fundação do mosteiro naquele lugar. E Jesus, em alocuções interiores, lhe dizia: "Por que você tem medo? Deixei alguma vez de estar presente? Os seus negócios são os meus, e os meus são os seus".

A irmã Tereza Margarida e monsenhor Mesquita visitaram algumas casas que poderiam servir como mosteiro provisório. As monjas são muito exigentes – e é bom que seja assim – para a escolha do lugar de uma nova fundação, querendo que seja um ambiente adequado, silencioso e, ao mesmo tempo, solitário, mas não deserto. É bom notar que Santa Teresa de Ávila fundava os seus carmelos no coração das cidades, para que não faltasse às monjas o apoio necessário de sacerdotes santos e doutos.

Voltando para o carmelo de Aparecida, tudo continuou da mesma maneira. Irmã Tereza Margarida reassumiu seu lugar como mestra, e não se falava publicamente do carmelo de Campanha. Era o estilo do tempo. Silêncio em tudo, até que tudo fosse concretizado. Era errado? Era o estilo do tempo. Hoje se fala, e é bom que se fale, pois uma fundação não pode ser a ideia de uma só pessoa, mas de uma comunidade. Todavia, é necessário caminhar segundo os tempos e dar um passo a mais, como sempre fez a Nossa Mãe.

Era nesse tempo que a Santa Sé buscava um auxiliar para o bispo de Belo Horizonte, e no coração de Tereza Margarida nasceu uma fundada esperança de que o seu irmão, Dom João Rezende, que se encontrava na Bahia, seria o escolhido... A irmã Tereza, em vários momentos de sua vida, sentia em seu coração a certeza do que ia acontecer, como nesse caso em que, numa manhã, sentiu a necessidade de rezar o *Magnificat*, oração de ação de graças da Virgem Maria, que nunca se rezava de manhã. À tardinha, recebeu a notícia que o papa tinha escolhido Dom João como auxiliar de Belo Horizonte.

Anos mais tarde, como ela mesma conta na sua autobiografia, Dom Serafim, que era auxiliar de Dom João, visitando o carmelo, contou:

> Dom Serafim contou-nos o seguinte: O núncio, vendo a dificuldade que a Arquidiocese de Belo Horizonte atravessava, foi à basílica de Aparecida, somente para pedir à Nossa Senhora que indicasse quem poderia ser o auxiliar de Dom Cabral. E Nossa Senhora falou-lhe claro: Dom João Rezende Costa, bispo de Ilhéus. Esse fato foi contado pelo próprio núncio a Dom Serafim.

No dia 30 de novembro, dia de Santo André, Dom João tomava posse de seu novo cargo e passou a morar no Palácio Cristo Rei, em Belo Horizonte. Graças a Deus, sob a proteção de Nossa Senhora, as barreiras caíram, e Dom João pôde governar a Arquidiocese de Belo Horizonte por 29 anos.

Os anos 1950 a 1960 foram anos de luzes e de trevas, seja para o mundo, que saía da Segunda Guerra Mundial, seja para a própria Igreja, em que já se podia perceber nos cinco continentes um fermento novo de busca de novos caminhos. Não se podia continuar com a mesma linguagem, com o mesmo método apologético de Igreja e com aquela certa distância dos problemas do povo sofrido em busca de luz.

A vida continuou no carmelo de Aparecida... Irmã Tereza, várias vezes eleita como subpriora, aceitou esse cargo e outros com simplicidade e, como um "ímã", sabia atrair as pessoas, não ao seu redor, mas ao redor de Cristo Jesus e de sua Mãe Santíssima, a Virgem Maria.

Madre Raymunda ia se enfraquecendo pela idade e pela doença. Em certo momento, a nossa irmã Tereza Margarida ficou de novo doente, e eis que mais uma vez o dr. Carlos Rioma, amigo e confidente, entrou em cena. Na radiografia dos pulmões, nada foi constatado. A ideia da fundação do carmelo em Campanha ia e voltava; por vezes, parecia que estava por acontecer; depois, as coisas voltavam à calma e nada era concretizado... É assim a pedagogia de Deus: faz-nos ver de longe a terra prometida, depois mais longe... É o jogo de Deus. Recordo que, quando era menino, levava para pastar as minhas 45 ovelhas, e via o cimo do monte tocar a luz e o sol. Eu pensava: um dia vou até lá e vou pegar a luz e o sol... Mas, quando chegava, a luz e o sol tinham ido para outro cimo, de um monte mais longe. É o jogo do horizonte no projeto de Deus.

Deus nunca pede sem avisar. Às vezes, eu digo a mim mesmo que Deus abre um livro e o convida a ler; você lê um pouco confusamente, mas compreende o que está escrito. Um dia Tereza Margarida estava em oração, e vêm-lhe à mente, ao coração, as palavras de entrega total da Virgem Maria: "Eis aqui a serva do Senhor". E, meditando nessas palavras, ela sentiu que Deus lhe pediria algo muito sério, difícil e doloroso... E isso não tardou a se verificar. Estando no recreio com as noviças, madre Raymunda chama-a ao lado. Tereza Margarida deixa as noviças e vai. A madre lhe diz em voz baixa: "O carmelo de Santos está em dificuldade. A filha quer ir?".

Mas deixemos a Nossa Mãe contar:

– O carmelo de Santos encontra-se em situação bem difícil. Estão pedindo uma irmã que possa ajudá-las e eu pensei na filha. Quer ir?
Eu julguei que esse auxílio fosse por uns meses, mas apenas disse:
– Os carmelos amigos sabem como é minha saúde; vão me querer?
Nossa mãe Raymunda disse-me:
– Vão, sim. Vou mandar avisar à irmã que telefonou ou escreveu para cá.
Assim se fez. Daí a pouquíssimos dias, já vieram as cartas de lá, isto é, do carmelo de Santos. Cartas tão amigas, tão esperançosas do bem que iriam receber com a minha presença lá. Além disso, nas cartas já diziam que, além do cargo de subpriora, ainda iam entregar-me o noviciado, em que cinco noviças davam muita esperança.
Nesse dia eu compreendi que o coração humano tem mais forças para sofrer do que para gozar, ainda mais quando são alegrias inesperadas. Isso aconteceu comigo, pois senti-me tão mal, que uma irmã ofereceu-se para passar a noite comigo, na minha celinha do noviciado. Essa irmã foi a irmã Evangelista. Passamos a noite em claro... E ela, cercando-me de carinho. Nunca me esqueço disso. Quando, em 1962, eu deixei o carmelo de Santos, porque chegara a hora de vir para a fundação deste nosso carmelinho São José, foi ela que me

substituiu em Santos e precisou de minha intervenção fraterna. Escreveu-me, contando-me seu sofrimento; e eu, graças a Deus, mesmo de longe, pude agir e, com a graça de Deus, tudo deu certo.

Eis os mistérios de Deus! Alguém lhe deu conselhos? Deus age e dispõe como ele quer e sempre por três finalidades: a glória dele, o bem das pessoas e o bem da Igreja e do Carmelo. A comunidade a caminho sempre está no coração de Deus Pai de misericórdia.

"Seja cada alma aqui uma lira a cantar vosso louvor. Seja cada religiosa uma discípula da escritura, do concílio, da Santa Madre e de Nosso Pai São João da Cruz. Que elas sejam carmelitas, segundo vosso coração."

PREPARATIVOS PARA A FUNDAÇÃO

Os mestres do Carmelo

Desde os primeiros anos da sua vida carmelitana, irmã Tereza Margarida sentiu uma profunda harmonia com os mestres do Carmelo, particularmente com Elisabeth da Trindade – cujo livro despertou sua vocação ao Carmelo –, e também com Santa Teresinha, com sua patrona Santa Teresa Margarida Redi do Sagrado Coração de Jesus e, evidentemente, com os dois mestres por excelência: Santa Teresa d'Ávila e São João da Cruz. Mas ela descobriu desde o início sua profunda afinidade com São João da Cruz, com a estrofe 39 do *Cântico Espiritual*. Não se pode dizer em três palavras e fazer uma síntese do que diz João da Cruz nessa estrofe. Eu confundiria o que ele diz com tanta clareza, porque não sou místico. Por isso, decidi colocar aqui a estrofe. Trata-se, de acordo com o próprio autor, do prelúdio para o "matrimônio espiritual", para o encontro definitivo e total com Deus, em que somente o amor nos move e inunda todo o nosso ser. Uma autêntica invasão do divino no ser humano.

E o aspirar da brisa,
Do doce rouxinol a voz amena,
A campina e seu encanto,
Pela noite serena,
Com chama que consome sem dar pena.

Nas eleições do carmelo de Santos, a comunidade elegeu a irmã Tereza Margarida como subpriora, antes mesmo de sua chegada. Houve ainda um tempo de espera até que ela fosse. O doutor Carlos Rioma foi o amigo que a acompanhou de carro.

Os mimos de Deus... Fruto da amizade

No mês de setembro, tudo estava pronto. A irmã Tereza Margarida estava feliz e triste: feliz por ir ajudar o carmelo de Santos, que era uma fundação do carmelo de Mogi das Cruzes; triste por deixar a sua comunidade de Aparecida.

Tinha notícias da família. E vamos deixar que ela nos conte como, nesta viagem até Santos, foi possível encontrar-se com seus irmãos e irmãs. Naquele tempo, devia-se viajar pelo caminho "mais breve" e sem passar em lugar nenhum. Era lei da clausura. Não adianta julgar com a mentalidade de hoje os tempos passados. Iremos ver como a Nossa Mãe se abre lentamente ao novo, e o seu coração, creio eu, nunca concordou com aquelas leis. Mas fazer o que, senão colocá-las em prática? Afinal, toda lei aceita por amor se torna amável e leve.

> O nosso médico, dr. Carlos Rioma, com a esposa, quiseram me levar para Santos. Passando em Taubaté, onde eles moravam e ele tinha seu consultório, quis que eu fizesse uma radioscopia. Por suas perguntas, vi que ele constatou bem o estado de meu pulmão. Mas ele nada me disse e eu nada perguntei. Em São José dos Campos esperava-me na estrada meu irmão Flávio, professor no ITA. No carmelo de Santos, esperavam-me meu irmão José, com a esposa Nair e o filho José Flávio.
>
> Dr. Carlos, antes de minha entrada na clausura, quis falar longamente com a priora, madre Assunção.

A entrada no carmelo foi triunfante, cheia de ternura: uma acolhida que tocou profundamente o coração da irmã Tereza Margarida.

PREPARATIVOS PARA A FUNDAÇÃO

Dê-nos o espírito do Carmelo

O carmelo de Santos, com a presença da jovem irmã Tereza Margarida, frágil no corpo, mas forte no espírito, que vinha de Aparecida, revitalizou-se. Havia noviças, mas, como quase sempre acontece, há formandas e faltam formadores e formadoras. A irmã Tereza tinha o carisma de formadora: sabia acolher, escutar e transmitir uma empatia que gerava amizade e levava as jovens a uma abertura, não forçada, mas natural. Não adianta querer obrigar uma flor a desabrochar-se rapidamente e fora do tempo. As coisas acontecem sempre no momento certo, ao calor dos raios do amor. Se é verdade que a comunidade começou a reflorescer, é também verdade que a saúde frágil de Tereza Margarida, com o calor de Santos, ressentiu-se imediatamente. E de novo foi ao pronto socorro, no hospital onde dr. José Pontes, amigo do carmelo, era diretor. Transfusões de sangue e soro vitamínico, nova radiografia – que, mais uma vez, nada acusou. Um mistério! Sentir-se mal, fazer exames e nada encontrar... É para desanimar qualquer um, mas não a irmã Tereza Margarida. Uma característica de Nossa Mãe era esta: silenciar as dores para se unir sempre mais a Cristo Jesus na sua paixão. Somente quando era necessário e quando não aguentava carregar a cruz, ela se rendia... Mas, com humildade, sem vitimismo – vício, às vezes, tão presente nos conventos e no mundo. As irmãs de Santos sentiam que não podiam "abrir mão" da presença da irmã Tereza Margarida para levantar de novo o carmelo, e chegaram a dizer: "Não nos abandone. Mesmo ficando numa cama, nós a serviremos. Por favor, dê-nos o espírito do Carmelo".

O que tinha no seu coração era a chama do profeta Elias, unida ao amor de São João da Cruz e Santa Teresa d'Ávila, e ao amor trinitário de Santa Elisabeth da Trindade. Ela não fazia distinções entre o Carmelo da Antiga Observância e o Carmelo Teresiano. Nesse ponto, sempre me senti em sintonia com ela: "Carmelo é Carmelo, e basta". Abolindo distinções e preconceitos, deixando o passado para trás e olhando com os olhos de fé e esperança para novos horizontes.

Em Santos, passou um ano e meio (1961-1962). Anos felizes! Ela relembrava os recreios animados do noviciado, cheios da "alegria carmelitana" que não vem das coisas materiais, mas da alegria de serem chamados por Cristo e seguirem o evangelho nos caminhos dos santos que souberam viver a mesma regra com entusiasmo e amor.

A passagem de irmã Tereza Margarida pelo carmelo de Santos, embora fugaz, lançou raízes no coração daquela comunidade. Muitos anos depois, as irmãs relembravam irmã Tereza Margarida como a formadora autêntica das primeiras irmãs.

A formação não está nos livros, mas na vida, na vivência. Na formação, um por cento vem dos livros e dos documentos da Igreja, e noventa e nove por cento vêm da vida, do testemunho de quem caminha à frente. Os bons exemplos nunca são esquecidos.

Quando irmã Tereza Margarida parecia ter se acostumado ao clima de Santos, começaram a chegar cartas, tanto do carmelo de Aparecida como de monsenhor Mesquita, que ainda sonhava com o carmelo na Diocese da Campanha. Nova surpresa de Deus! O carmelo não seria mais em Campanha, mas na cidade de Três Pontas, e o povo já esperava e já tinha preparado tudo, só faltavam as monjas – que eram o mais importante.

Descobri lentamente o segredo de Nossa Mãe: não fazer projetos, deixar-se conduzir pelo Espírito Santo. É ele quem faz os projetos, cabendo a nós somente a docilidade de compreender o que devemos fazer.

No coração de Nossa Mãe, Deus faz tudo com a Virgem Maria e São José.

PREPARATIVOS PARA A FUNDAÇÃO

Dona Nhanhá

Quem nunca leu as fundações de Santa Tereza não pode compreender esses "desvios" do Espírito Santo, que apresenta um lugar e depois acaba levando para outro. Nós projetamos, mas Deus realiza.

Monsenhor Mesquita queria o carmelo em Campanha, mas, dada a falta de interesse do bispo Dom Inocêncio, viu que seria melhor não renunciar ao carmelo, mas mudar de lugar... E se direcionou a Três Pontas. É aí que "entra na dança" dona Nhanhá, senhora de muita distinção e digna da amizade de todo povo. Essa senhora aceitou plenamente o projeto e fez com que o vigário, os padres redentoristas residentes em Três Pontas e outras pessoas aceitassem a ideia. Foi sempre amiga do Carmelo, um anjo sempre atento e preocupado com as necessidades da comunidade das carmelitas, uma mulher boa e amiga que, como dizia a Nossa Mãe, "enquanto pôde, fez todo o possível para ajudar o Carmelo". Uma definição muito bonita: tudo que pôde e enquanto pôde. É a mesma pedagogia da Nossa Mãe: dar tudo, mas sempre dentro das possibilidades e dos limites.

A irmã Tereza Margarida, saindo do carmelo de Santos, deixou muitas saudades. Dela podemos dizer o que os Atos dos Apóstolos dizem de Jesus: "passou fazendo o bem a todos". Com seu jeito especial de ser, ela tinha criado amizade, seja dentro ou fora do mosteiro. Todos gostavam dela e sentiram muito a sua partida.

"Mogi das Cruzes, Aparecida, Santos" é a trindade humana que nunca sairá do seu coração. O dom mais belo que Deus nos deu é a memória, que narra em continuidade e grava no nosso coração tudo o que acontece de bom – para agradecer –, de mau – para pedir perdão –, e que nos obriga a lançar o olhar para o futuro.

"NOSSA MÃE" MADRE TEREZA MARGARIDA: O SORRISO DE DEUS

Aonde vai?
Não sei,
Deus sabe,
Já preparou o lugar.

É um canto que surgiu espontâneo no meu coração, um canto simples, mas que representa a vida da filha de mãe andarilha Teresa d'Ávila... Que não conhecia descanso.

DEUS TEM PRESSA

Naquele tempo, o importante era "arranjar" oito monjas para formar comunidade. E podia pegar uma deste carmelo, outra de outro carmelo, e as outras também de outros carmelos. O importante era chegar ao número oito. E algumas irmãs de Santos se ofereceram para dar início ao carmelo de Três Pontas.

As coisas de Deus são sempre "apressadas", para não dar tempo a dúvidas como "mas... porém... vou pensar...". Assim a irmã Gema, do carmelo de Santos, ofereceu-se e chegou na frente, em Aparecida. Então começaram a ferver os trabalhos, os preparativos para a nova fundação. Quando chega a Nossa Mãe, já estava tudo encaixotado, preparado, arrumado e pronto para ser despachado. Os últimos momentos da estadia de irmã Tereza Margarida foram "febris". Ela devia arrumar as oito monjas...

Não foi trabalho fácil, e várias vezes Nossa Mãe sentiu vontade de largar tudo e dizer: "vamos esperar outro momento mais oportuno". Mas o entusiasmo que tinha monsenhor Mesquita e as vozes que chegavam de Três Pontas não lhe permitiram desanimar.

No mês que eu passei esperando a data de partir, fiquei ocupada em formar o grupo. Tive a tentação de desistir de tudo, pois eu não tinha mesmo vontade nenhuma de fundação, tudo fazia na pura fé e obediência. Mas depois eu pensei na boa vontade e desejo imenso do monsenhor Mesquita de ter um carmelo na Diocese da Campanha, e em tudo o que ele já tinha feito e sofrido para chegar a seu fim. E São José, o meu querido São José, que nada me recusou de tudo o que sempre lhe pedi... E esse carmelo já é dele. Procurei e arranjei uma irmã a mais no carmelo de Cotia, uma de Santos, e o grupo formou-se, graças a Deus. Despedimo-nos de nossa mãe querida, madre Raymunda, que eu nunca mais veria na terra, e da minha primeira e muito amada comunidade e... A porta da clausura abriu-se para nós e fechou-se sobre nós. Os nossos parentes e amigos nos esperavam para abraçar-nos e para as despedidas. Aí, abracei mamãe, meus irmãos, os sobrinhos pequeninos, que eu não conhecia. Isso atrasou bem o horário. Monsenhor Mesquita me pediu para entrar no carro e dar o primeiro passo da saída para os outros carros nos seguirem. Passamos na basílica, para despedirmo-nos de Nossa Mãe e Rainha e pedir-lhe a bênção para a viagem e para o novo carmelo. Saindo de Aparecida, monsenhor Mesquita entoou – e nós cantamos com muito fervor – "Viva a Mãe de Deus e nossa" e... Eis-nos já na estrada. Paramos em Itajubá, no colégio das irmãs, onde nos ofereceram um lanche, com muita delicadeza... Depois de uma pequena parada em Pouso Alegre, no carmelo, rumamos para Três Pontas, onde um grupo de amigos nos esperava, entre eles, dona Maria Brito, na sua Fazenda da Boa Vista... Aí ficamos um pouco e formou-se o cortejo de carros, para nossa chegada na cidade, na praça da Matriz. Pe. Virgílio comandava tudo. O carro de Nossa Senhora do Carmo ia na frente. O nosso carro (sr. Aristides Botrel e esposa, eu e o Darinho) ia logo após Nossa Senhora do Carmo... Pusemo-nos em marcha. De repente, o Darinho gritou: "Quanto carro!". Eu olhei para trás, e, na verdade, era um grande cortejo de carros, e todos de farol aceso, porque já era noite, fazendo uma procissão luminosa. Era muito bonito. Tudo para a glória dele.

Após longa viagem, com paradas, encontros, saudando amigos e conhecidos, chegaram a Três Pontas. Uma cidade pequena, mas cheia de afeto, que traz em si mesma a experiência profética do padre Victor, hoje santo homem de Deus, que com o amor superou os preconceitos da cor.

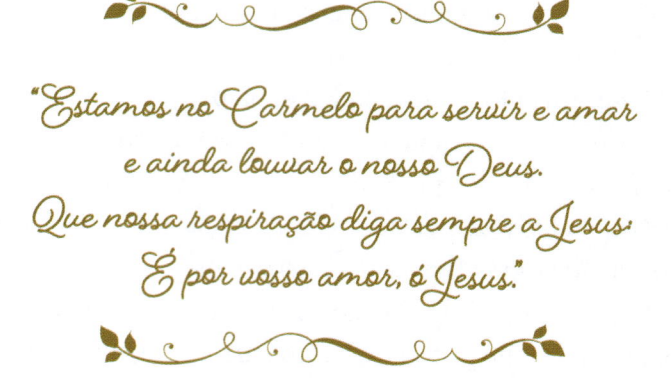

"Estamos no Carmelo para servir e amar e ainda louvar o nosso Deus. Que nossa respiração diga sempre a Jesus: É por vosso amor, ó Jesus."

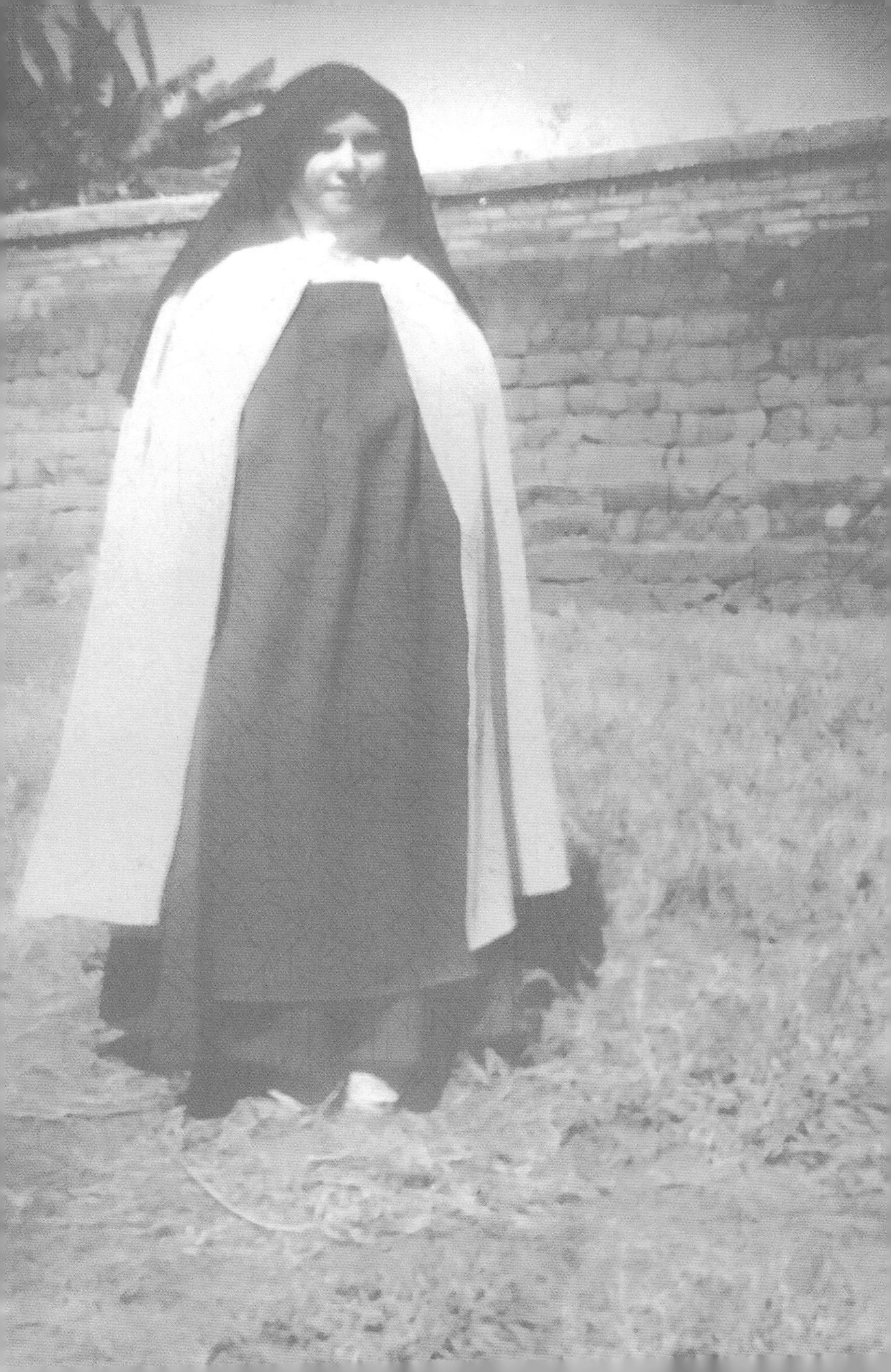

*"A fundação de um carmelo
é uma estrela ou uma sombra
no céu da Ordem de Nossa Senhora.
Se não puderem acender uma estrela,
não façam uma sombra."*

A FUNDAÇÃO

A festa terminou

Quando o papa São João Paulo II veio ao Brasil, as religiosas e irmãs contemplativas se encontraram no Ibirapuera, e eu fui encarregado de acomodá-las. Era uma maravilha ver aquelas capas brancas esvoaçando pelas ruas. Algumas delas não saíam da clausura há mais de cinquenta anos e não sabiam que o mundo tinha caminhado e avançado tanto. Recordo que não foi fácil conseguir chegar ao lugar estabelecido. Um encontro que ainda está gravado no meu coração com a novidade do Espírito Santo, que nunca se apaga.

O grupo das fundadoras do carmelo de Três Pontas chegou no dia 15 de julho. Chegaram à praça da Matriz. A praça estava em festa.

Vejamos a narração da irmã Tereza Margarida, "chefe da expedição" fundacional do novo carmelo de Três Pontas:

> Chegamos à praça da Matriz d'Ajuda, e as primeiras pessoas que me abraçaram foram Margarida, minha irmã, com o marido Milton e dois filhos – Carmen Sylvia era uma.
>
> Houve a missa e a homilia de monsenhor Mesquita – monsenhor João recebeu-nos, muito delicadamente, na porta da Matriz.
>
> Ó Jesus, era só por vós que estávamos ali, num ambiente de muita festa. E depois? Mas ele, por quem e para quem ali estávamos, nunca nos deixaria sozinhas.
>
> Acabando a missa, foi pedido ao povo que nos deixasse a sós para uma refeição, e precisávamos dessa privacidade em

nossa nova casa, arranjada com todo o carinho por nossos novos benfeitores. Ficamos encantadas com a capelinha minúscula, mas tudo muito belo e brilhando de limpeza. Era a festa de Nossa Senhora do Carmo. Que comoção, rezá-la a primeira vez numa casinha pobre como a de Nazaré!

Naquele tempo, lia-se em comunidade o ponto de meditação; e por uma grande coincidência ou por delicadeza divina, leu-se: "Não temais, pequeno rebanho, porque aprouve ao Pai dar-vos o seu Reino".

Às oito horas do dia 16, houve a missa e a bênção da casa. Estava fundado o carmelo São José, da Diocese da Campanha, na cidade de Três Pontas. A clausura ficou aberta três dias, e o povo da cidade visitou à vontade nosso conventinho minúsculo.

Poucas palavras que descrevem tudo: emoção, casa, alegria do povo e abertura do carmelo. Como é costume acontecer ao se fundar um novo carmelo, as portas da clausura ficam abertas e, por alguns dias, as pessoas podem visitar o interior do edifício – as celas, o refeitório, o jardim – para tomar consciência do que significa clausura, respeito e veneração. Depois desse tempo – no nosso caso, três dias – a clausura fica fechada, isto é, ninguém mais pode entrar, e só as monjas saem para atender certas necessidades, como idas aos médicos, votações e outras circunstâncias de urgência. No passado, dizia-se que as monjas eram "mortas-vivas" ou "prisioneiras de Cristo", uma linguagem que não corresponde ao pensamento de Santa Teresa d'Ávila, que diz: "Pelejamos por Cristo Jesus e formamos um pequeno cenáculo"; "Sendo poucas, todas se devem amar e todas se devem querer"; e "Se existe na terra o paraíso, o paraíso é aqui no mosteiro São José" – e, por extensão, esses pensamentos estão em todos os carmelos do mundo.

Santa Teresa d'Ávila queria que os seus mosteiros fossem pobres, simples, e que, quando caíssem, nem deveriam fazer muito barulho.

A FUNDAÇÃO

E, quando um carmelo perdesse a pobreza, seria melhor que esse mosteiro caísse. Essa advertência teresiana eu contemplei em todos os carmelos por onde passei, do Brasil e do mundo. A pobreza não é miséria, nem sujeira e desleixo. Santa Teresa tinha o costume de dizer às monjas e aos frades: "pobres, mas limpos". Mesmo o carmelo de Três Pontas, simples, projetado com amor, recolhido, que dá gosto ver por dentro e por fora, quase não se percebe quando se passa em frente. Isso aconteceu comigo na primeira visita que fiz ao carmelo e não sabia onde era. Passei na frente duas ou três vezes sem vê-lo, tamanha é sua simplicidade. E quando perguntei a alguém, logo me disseram: "O senhor procura o carmelo da Nossa Mãe? É aí mesmo" – indicando com o dedo, do jeito mineiro.

Assim foi a fundação do carmelo de Três Pontas. Era o dia de Nossa Senhora do Carmo, em 1962, quarto centenário da primeira fundação de São José de Ávila, o início da reforma teresiana, que deu ao Carmelo um novo rosto, uma nova vida e dinamismo de contemplação: quero ver o rosto do Senhor.

"Na noite de nossa chegada já rezamos matinas no coro. Estava iniciado o louvor perene que, graças a Deus, nunca foi interrompido em nosso carmelo, mesmo nos dias mais difíceis. Isso é uma consolação e uma glória para nossa comunidade."

São José começa a trabalhar

Santa Teresa elegeu São José como ecônomo e protetor dos seus carmelos. E foi ela mesma que reacendeu na Igreja o amor a São José. Diz o papa Francisco na sua *Carta Apostólica* sobre São José:

> Muitos Santos e Santas foram seus devotos apaixonados, entre os quais se conta Teresa d'Ávila, que o adotou como advogado e intercessor, recomendando-se instantemente a São José e recebendo todas as graças que lhe pedia; animada pela própria experiência, a santa persuadia os outros a serem igualmente devotos dele (*Patris Corde*, n. 1).

Santa Teresa nomeia São José como mestre da oração: "Se alguém não tiver ninguém que lhe ensine a rezar, tome como mestre o glorioso São José, e em breve tempo chegará à oração". Aliás, Teresa, com muito bom senso, dizia que queria nos seus carmelos Jesus no centro, Nossa Senhora numa porta e, na outra, São José, e o diabo não passaria nem de longe.

> Certo dia, depois da comunhão, Sua Majestade me ordenou expressamente que me dedicasse a esse empreendimento com todas as minhas forças, prometendo-me que o mosteiro não deixaria de ser feito e dizendo que ali seria muito bem servido. Disse-me que devia ser dedicado a São José; esse santo glorioso nos guardaria uma porta, e Nossa Senhora, a outra; Cristo andaria ao nosso lado e a casa seria uma estrela da qual sairia um grande resplendor (*Vida*, 32, 11).

Falando do início da vida no mosteiro em Três Pontas, logo a primeira palavra é de realismo: grande era a pobreza, mas nunca passaram fome... Como é confortadora essa confiança na divina providência e na caridade do povo. O povo dá tudo para as irmãs, com a condição de elas darem tudo para o povo: oração, serviço, amor, atendimento. E aconteceu o inesperado milagre através do bispo Dom José Costa, bispo de Valença (RJ), que não pôde estar presente na fundação, mas, logo que regressou dos Estados Unidos, fez uma visita e...

A nossa pobreza era grande, mas fome nunca passamos. A cidade preocupou-se sempre com isso. Dom José Costa Campos, filho da cidade, e naquele tempo bispo de Valença, não veio na nossa inauguração, porque estava nos Estados Unidos. Logo que chegou no Brasil, veio visitar-nos. Ficamos logo grandes amigos. Nesta primeira visita, ele contou-nos que um senhor lá da América do Norte pediu-lhe o nome de um carmelo pobre do Brasil, pois ele desejava ajudá-lo com um donativo, porém, não nos deu o nome nem o endereço desse senhor, mas deixou com ele o nosso endereço. Nem nos preocupamos mais com isso, pois o que nos adiantava uma promessa de um desconhecido perdido nos Estados Unidos, sem sabermos o nome nem o endereço? Mas o nosso amado Jesus sabia de tudo e velava. Em outubro do ano de 1962, eu, com um choque de um remédio, estive à morte. Foi aí que conheci dr. Odilon, que me acudiu e passou quase a noite toda na nossa clausura fazendo o que podia, conseguindo salvar-me a vida. Quando dei conta de mim pela madrugada, dentro de mim soou esta palavra: "E havia uma nova terra e um novo céu". Aí começou a grande amizade com dr. Odilon.

O nosso carmelinho não tinha um programa especial que me incentivasse ser fundadora, porque nunca desejava sê-lo, mas um dia, lendo a vida da irmã Miriam de Jesus Crucificado, fiquei comovida com uma de suas visões e desejei que este novo carmelo fosse assim. Eis a visão, cito-a de memória: "Vi numa casa, crianças vestidas de branco e azul, cantando os louvores de Deus, enquanto em volta da casa escutavam-se blasfêmias, relâmpagos, trovões, horrores de guerra, e as crianças não deixavam de cantar *Laudate Dominum omnes terra*".

Eu pensei: "Jesus, que neste carmelinho vivamos assim, como crianças, na confiança e alegria de vos amar sob o manto de Nossa Senhora, mesmo que em volta de nós a tempestade esteja rugindo".

Pensei também em trabalhar para despertar nos corações a compreensão do valor do santo nome de Jesus.

Monsenhor Mesquita e pe. Virgílio pediram-nos para trabalhar pela causa da beatificação e canonização do pe. Victor. Assim fizemos e fazemos.

Eu pedi ainda a Jesus que as pessoas que visitarem ou frequentarem nosso carmelo sintam como o jugo dele é suave e seu peso é leve.

Nossa Mãe agradecia por tudo e tinha um sorriso doce, sereno, que infundia esperança e coragem. Não se queixava de nada, era sempre atenta aos outros e se preocupava com tudo. Com a sua voz meiga, consolava; e, confiante, sabia como escutar e entender, além das palavras, o que as pessoas queriam dizer e o que precisavam ouvir para serem ajudadas. Ela se interessava por tudo da pessoa que estava em sua frente: família, comunidade, nada lhe passava despercebido.

Nunca ouvi dizer que as monjas do carmelo morreram de fome; o povo é capaz de dar o pouco que tem para doar às irmãs carmelitas, aquelas que rezam, que não são vistas, que não saem, mas que nós amamos.

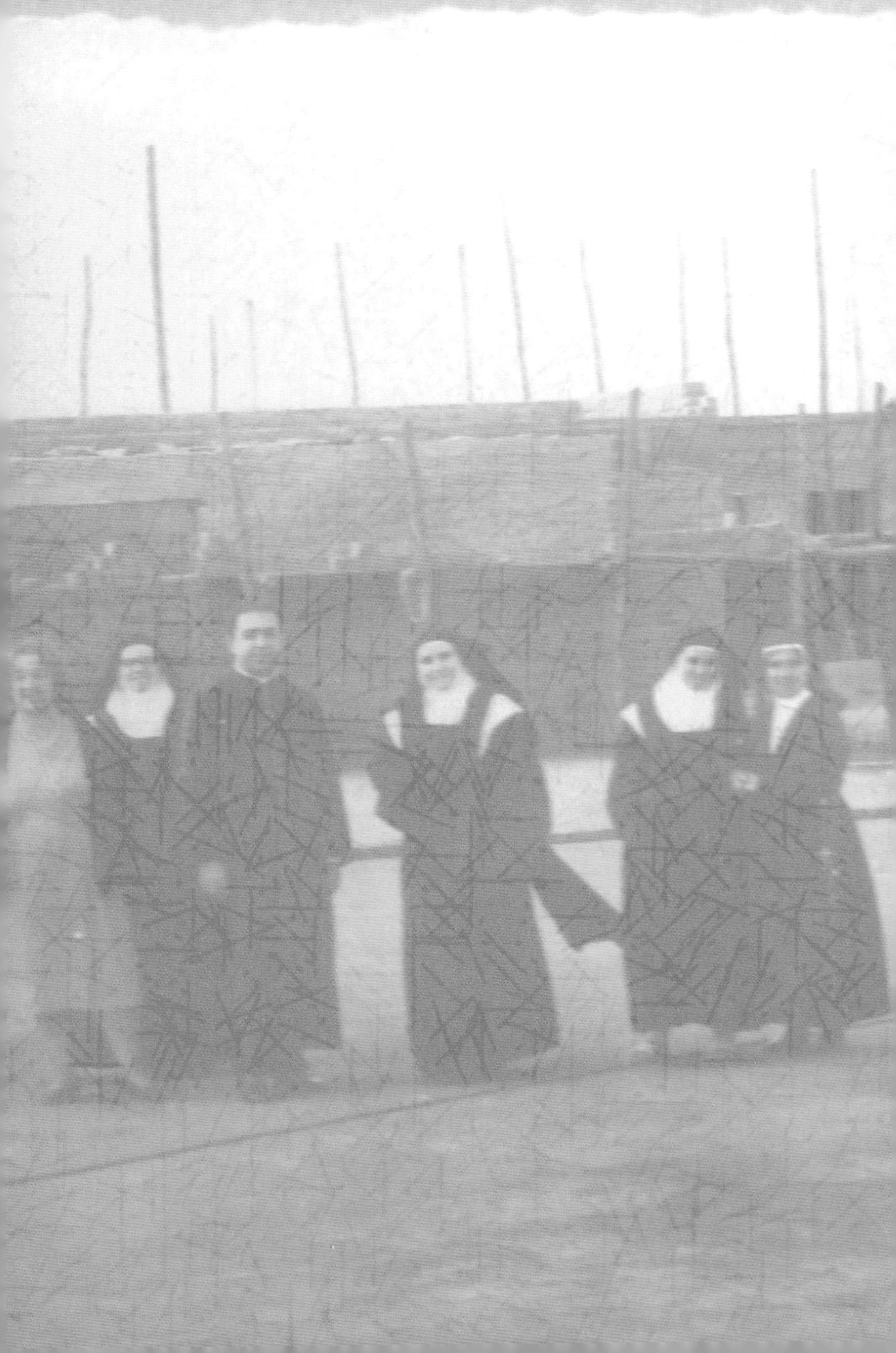

*"Esse carmelo foi construído
não com dinheiro, saúde, palavras ou cartas...
Mas sim com o sangue do nosso coração."*

A CONSTRUÇÃO

Em coração de mãe sempre cabe mais um

É difícil que um carmelo seja fundado já tendo o mosteiro construído. As carmelitas são muito cuidadosas e exigem que elas mesmas acompanhem a construção do carmelo. E sempre encontram coisas novas para fazer e coisas para tirar. Os arquitetos dos mosteiros carmelitanos têm uma paciência de Jó e sempre sabem acatar o que elas querem, porque são elas que devem passar a vida inteira ali.

Em Três Pontas ficaram o biênio de 1962 a 1964 numa casa pequena, mas acolhedora, onde procuraram viver a vida carmelitana, mesmo que com certas dificuldades. A característica das carmelitas é contentarem-se com tudo e serem fiéis ao que elas abraçaram com amor. Outra casa, mais ampla, foi oferecida pelo sr. Aristides Botrel. Muito boa, tinha mais espaço e mais comodidades para levar à frente a vida carmelitana. Foi nessa nova casa que Nossa Mãe celebrou os seus 25 anos de profissão religiosa.

Foi uma festa! Chegaram todos os parentes, amigos e familiares. Dom João, que já era arcebispo de Belo Horizonte, celebrou a santa missa. Nossa Mãe e as irmãs estavam cheias de alegria e de esperança. Foi uma festa de "adeus". Lentamente, a família começou a partir para o céu. Assim faz Deus: reúne os que ele ama, para que depois digam adeus e se reencontrem no céu.

Em 1967, partiu para o céu Margarida, irmã de Nossa Mãe. Dom João e Nossa Mãe foram a Campanha para o funeral; e todos, reunidos, choraram, mas com a certeza de que aquela bela alma seria acolhida no céu.

A comunidade, no entanto, começou a crescer. Chegaram as primeiras vocações, e Nossa Mãe, madre Tereza Margarida, sabia acolher com alegria, com empatia, com afeto, e dava a cada uma que chegava a liberdade de ser ela mesma.

Como é fácil escrever a vida de Nossa Mãe, porque ela mesma traça o caminho e sussurra ao meu ouvido: coloca esse trecho; não diga isso; leia o que eu escrevi. Eu somente procuro colocar a sua vida diante dos olhos do leitor, para que ele veja como foi.

> Nesta casa entraram em nossa comunidade ir. Maria Teresa, ir. Ana Lúcia (como irmã leiga, conforme havia naquele tempo) e ir. Ana Letícia (fundadora de Montes Claros e Senhor do Bonfim). Aí, a comunidade podia crescer. Mas nada se podia esperar quanto à construção do carmelo definitivo. Tudo o que nos tinham prometido falhou. Nossa pobreza era extrema. Monsenhor Mesquita, bastante doente, nada mais podia fazer. Assim que viemos para a cidade, em 1962, dona Maria Brito, que tinha ainda olaria na fazenda, deu-nos os tijolos para a metade dos muros. Fechou a olaria, acabaram-se os tijolos. Monsenhor Mesquita, quando vigário-geral de Campanha, deu-nos o portão e algumas grades da antiga catedral. Era essa nossa riqueza para uma futura construção!
>
> Depois de rezar, chamei numa noitinha a pequena comunidade e falei-lhes o seguinte:
>
> – Não temos nada, nada, nem podemos pensar numa construção, nem temos esperança de algum benfeitor. Como nós viemos para cá por pura obediência, porque nenhuma de nós desejou ou pediu para ser fundadora, vamos comunicar ao nosso bispo e voltar para nosso convento. Ou, então, com licença muito especial de nosso bispo, depois de explicar-lhe bem nossa

situação, as irmãs que quiserem podem sair da clausura, para arranjar com amigos de fora algum auxílio ou abrir algum caminho (parece-me que a cidade estava preocupada com o final da construção da Matriz d'Ajuda e do seminário dos redentoristas). O carmelo tinha vindo para a cidade sem nenhuma responsabilidade desta, que nem fora preparada para isso. A comunidade escutou-me e resolveu:

– Pediremos esmolas, mas não iremos embora daqui.

Foi essa a dor maior para meu coração. Ir. Ana Maria (irmã externa) foi a campeã, percorrendo 110 cidades. As irmãs todas agiram; e, consultando pessoas entendidas, fizemos os pedidos ao Adveniat da Alemanha e conseguimos auxílios por duas vezes; o carmelo do Rio, Santa Teresa, através da Cúria, deu-nos um bom auxílio. Faltava agora o principal: um engenheiro bom. Mas como pagá-lo? Alguém me falou do dr. Giovani Brito Miari, genro de dona Mariquita Vilela, grande e antiga amiga do carmelo. Falei com ela sobre o assunto. Ela aconselhou que eu mesma falasse com ele. Assim agi. Ele só poderia vir à noite falar comigo. Tudo bem. Ele chegou. Deixei as irmãs rezando (aquelas que pudessem, rezariam até de braços em cruz) e fui ao locutório. Nessa noite, entre sete ou sete e meia, vi pela primeira vez o dr. Giovani. Uma grande amizade, uma grande confiança num amigo nasceram naquela hora entre nós dois e, depois, entre sua família e nossa comunidade. Ele logo assegurou-me que nada cobraria por seus trabalhos. Tudo foi graça de Deus! Agora, só faltava ele encontrar um pedreiro de confiança para tomar conta da construção, porque ele estava de mudança com a família para Belo Horizonte, uma vez que acabara seu serviço em Furnas.

Ele fez o projeto, a planta, apresentou-nos tudo. Aprovamos, e depois disse-me:

– Começa a construção, madre.

Eu respondi:

– Dr. Giovani, como fazer isso já? Só temos 250 mil réis no banco! (Naquele tempo, essa quantia já não valia nada.)

Ele repetiu:

– Começa, e vai dar tudo certo.

Obedeci. Ele falou em nome de Deus. Assim aconteceu.

Não vou contar essa luta para a construção, porque já foi contada. Lembro aqui só o detalhe do milagre na compra das telhas.

Era preciso comprá-las. Fechei o negócio com os três representantes da Eternit de São Paulo, em nosso locutório. Eles me perguntaram:

– Com quanto a senhora conta para fechar esse negócio?

Respondi:

– Não temos nada em dinheiro, mas conto com Deus.

Assim assinei o que precisava assinar e depois contei às irmãs e pedi: "vamos rezar".

O tempo foi passando. Chegamos à Semana Santa, e no princípio da Páscoa venceria a primeira duplicata. Nessa Semana Santa nós resolvemos fazer uma devoção na terça-feira, dia consagrado à Santa Face, com um velho quadro do "Ecce Homo", achado na gaveta de uma mesa velha, que os padres redentoristas nos tinham dado. Para essa cerimônia, eu estava reavivando alguma coisa no quadro, já muito velho e descorado. Enquanto eu fazia isso com muito carinho, rezava, esperando um milagre para pagar essa duplicata.

Chegou a Páscoa. Na primeira semana pascal, chegou-nos uma carta, via aérea – Estados Unidos. Vi o remetente: mister John. Não conhecia! Abro a carta e vejo logo um cheque de cinco mil dólares! Não sei inglês e ninguém sabia inglês em casa naquela época. Chamei ir. Ana Maria e pedi a ela que fosse no colégio dos irmãos canadenses e lhes pedisse para traduzir para nós a carta. Assim foi feito. Voltou ir. Ana Maria, que havia decorado a carta e a leu para nós, agrupadas, em seu redor. Ficamos então sabendo que a carta era daquele senhor que, na estadia de Dom José Costa Campos nos Estados Unidos, lhe havia pedido o endereço de um carmelo pobre do Brasil, para ele mandar um donativo. Isso aconteceu em 1962.

Desmanchamo-nos em ação de graças a Deus! E a data da carta regulava com aquele dia em que eu refazia a pintura da Santa Face, no "Ecce Homo", que hoje é chamado e venerado como o "quadro do milagre"! O dinheiro (parece-me treze milhões e uns quebrados) deu para pagar as telhas e todo o madeiramento do telhado. Como Deus é bom!

Quando madre Tereza Margarida escreve, ela se parece com a nossa Santa madre Teresa. Tem um estilo fácil, um palavreado compreensível para todos. Não se perde em florear o que diz, mas narra a sua aventura e a sua docilidade nas mãos de Deus.

O carmelo estava sendo construído, não sem dificuldades e com muitos conselhos, mas com pouco dinheiro. Porém, Deus nunca abandona quem a ele se confia e coloca como ecônomo São José, que, para trazer o pão à pequena família de Nazaré, deve ter trabalho muito, noite e dia.

"Só temos uma coisa a fazer na terra: amar a Deus e os nossos irmãos como Jesus nos amou e nos ama sempre."

A conversão de Nossa Mãe

Madre Raymunda, no carmelo de Aparecida, estava bem doente, e Nossa Mãe decidiu enviar a irmã Ana Maria, irmã externa, para dar uma ajuda no que fosse necessário. Enquanto ela se preparava para partir, veio a notícia da morte da madre Raymunda, e Nossa Mãe, que se considerava eco da madre Raymunda na fidelidade aos regulamentos – fidelidade que muitas vezes beirava uma severidade e austeridade exageradas –, foi à capela fazer uma via sacra em sufrágio de sua alma. Em certo momento, na terceira ou quarta estação, ela escutou a voz do seu amado Jesus, que lhe dizia: "Não se apegue aos regulamentos. É só o amor que vale".

Esse momento, podemos considerá-lo como a conversão de Nossa Mãe. Teremos agora a alegria de seguir os passos de outra Tereza Margarida, aberta, compreensiva, com o olhar para o futuro, que compreende que as leis e regulamentos são como "camisa" que, quando é apertada ou frouxa demais, deve ser trocada. Não é o ser humano que é feito para o sábado, mas o sábado para o homem. A liberdade interior não despreza as leis, mas sabe interpretá-las e adaptá-las com critério, no momento certo. Já a *Regra Carmelitana* escrita por Santo Alberto, patriarca de Jerusalém, nos anos entre 1209 e 1212, coloca no último capítulo uma frase que muitas "durezas dos corações" esquecem: a necessidade não tem lei – princípio santo, que nos permite viver com equilíbrio, paz e amor a vida que Deus nos deu.

> Por esses tempos, nossa mãe Raymunda morre no carmelo de Aparecida. Sabendo que ela estava agonizando, em espírito de amizade e gratidão, pedimos para ir. Ana Maria (irmã externa) fazer-lhe uma visitinha e servir em alguma coisa, na portaria. Recebendo a notícia de sua partida para o céu, fui fazer uma via-sacra por sua alma (até esse tempo, eu era uma religiosa eco da

A CONSTRUÇÃO

alma dela – como ela me dizia –, muito apegada às minúcias dos regulamentos, especialmente à clausura). Nesse dia, fazendo a via-sacra em sufrágio de sua alma, na terceira ou quarta estação, uma palavra interior de meu Jesus mudou-me completamente. Jesus disse: "Não se apegue a regulamentos. Só o amor é que vale".

Foi essa palavra dele, palavra que fala e faz, palavra que atinge a profundeza do ser, que começou em mim a grande "obra dele". Ó meu Jesus amado, como sois bom e misericordioso para comigo! Como vos amo!

Na vida de todos os santos encontramos a "hora H", em que uma força interior mais forte do que eles os obriga a escolher uma vida diferente, a abandonar tantas coisas e a lançar-se com generosidade e amor num novo caminho. Santa Teresa d'Ávila decide sair do carmelo da Encarnação e iniciar a fundação do carmelo São José; São João da Cruz, no encontro com Santa Teresa, decide aderir ao projeto da reforma e funda o Carmelo Descalço entre os homens; Elisabeth da Trindade, quando sente que o seu nome significa "Casa de Deus", percebe um novo chamado; Teresinha do Menino Jesus descobre que na Igreja será o amor, para realizar todas as vocações. Nossa Mãe percebe que é necessário se libertar das amarras das leis para voar alto no azul do céu da liberdade, no qual somente conta o amor.

"Depois que eu tiver ido para o céu, eu quero que digam e que todos saibam que meu amado Jesus fez brilhar em mim a sua misericórdia."

Tijolos vivos na construção do carmelo

Construir um carmelo é empresa de loucos e de santos. Normalmente, as monjas não têm fundo para isso, mas confiam no Senhor e em São José, e não têm vergonha de pedir ajuda. E o fazem com tanto jeito, que é difícil negar; mas, quando alguém nega, promete que, quando puder, vai ajudar. Assim é na construção de todos os carmelos, e não foi diferente para o carmelo de Três Pontas. Vale a pena deixar que Nossa Mãe conte, como só ela sabe contar:

> Continuamos a luta pela construção de nosso convento. Numa noite, era o dia primeiro de janeiro, estava deitada, já tarde da noite, em nossa pequena cela, com separação de "duratex"; senti que algo estranho se esticava juntinho de mim – um grande mal-estar espiritual tomou conta de mim –; com a força de Deus, porque eu parecia tolhida, consegui levantar meu braço para fazer o sinal da cruz. Foi só fazer esse gesto, algo como um "raio preto" saiu de perto de mim, e o vi sair pela porta entreaberta. Compreendi o valor da cruz! O valor do nome santo da Trindade amada! Ó meu Deus, como sois bom! Este ano foi muito pesado, mas ele nunca deixou seu pequeno rebanho.
>
> A construção do convento já estava em ponto de irmos para lá. A capela estava apenas levantada e coberta. Isso se faria depois, devagar. No ano de 1968, a nosso pedido, o prefeito "Nelito", que sempre foi muito bom para nós, prometeu e fez a água, o esgoto e a luz chegarem até o nosso bairro, ao nosso prédio.

A CONSTRUÇÃO

Num domingo, a pequena comunidade foi visitar a construção, estando já levantado o campanário. Veio-me a inspiração do canto "Meu carmelo amado". Sentada no abrigo de carro, face ao campanário, já com a cruz no topo, com a melodia da "Índia", de um jato, a poesia saiu, com a graça dele.

Antes de terminar esse período de nossa vida, posso dizer: louvo a Deus, autor de todo o bem.

Durante esse tempo de luta de construtoras – porque todas as irmãs me ajudaram, de um modo ou de outro –, batalhamos, fizemos diversos empréstimos em banco ou com particulares, precisando de abonadores. Nunca deixamos de pagar no tempo certo, sem prejudicar ninguém, aquilo que tinha prazo. Ficamos devendo muito aos fornecedores: à Casa Miari, ao saudoso sr. Domingos, ao sr. Olavo Diniz, ao sr. Belmiro, ao saudoso Maurício Veloso. Mas, com o tempo e muito sacrifício, conseguimos pagar tudo. Dom Othon Motta, querido e saudoso bispo de nossa diocese, por duas vezes tirou-nos de grandes apuros com dois empréstimos, que acabaram sendo donativos, porque ele perdoou-nos a dívida. Dr. Giovani, sempre à frente de tudo, dirigia e ensinava-me tudo quanto a compras, a documentos civis, de modo que tudo se fazia e se fez certo. Até hoje, dr. Giovani é o grande amigo e "pronto socorro" nas horas difíceis, porque somos pobres de verdade. Tudo é graça! Nos últimos dias antes da mudança, as irmãs dos "Santos Anjos" de Varginha e as irmãs beneditinas da Divina Providência, daqui de nossa cidade, vieram ajudar-nos na limpeza da casa. Na véspera, dia 21 de janeiro, eu, ir. Maria Ângela e mais duas irmãs, que eu não me lembro quais, saímos daqui depois de meia-noite, e só nessa hora os operários, com José Neves, deixaram o trabalho sob uma chuva torrencial (pela primeira vez, e única, eu andei de caminhão, ao lado do boníssimo sr. Julião, nosso vizinho há alguns anos).

O que me deixa maravilhado a respeito da delicadeza de Nossa Mãe é que ela nunca fala mal de ninguém. Sempre tem um jeito amoroso e delicado de dizer o que deve dizer. A verdade, quando é "bem-dita", ajuda, liberta e coloca no coração vida nova e esperança. Não foi fácil ver o "carmelinho", "o meu amado carmelo", ainda não terminado, mas pronto para receber as monjas. E isso aconteceu no dia 22 de janeiro de 1969. Foram sete anos da chegada até se mudarem para o carmelo definitivo, que, embora inacabado, oferecia tudo o que é necessário para que vivesse uma comunidade numerosa e desejosa de servir a Deus, à sua Igreja e ao povo – e que era feito de muitas pétalas, como as flores do claustro do carmelo de Três Pontas.

"Pedi então a Jesus que, se eu houvesse de fundar um dia este convento de São José, dele queria fazer uma casa de alegria e louvor a Deus."

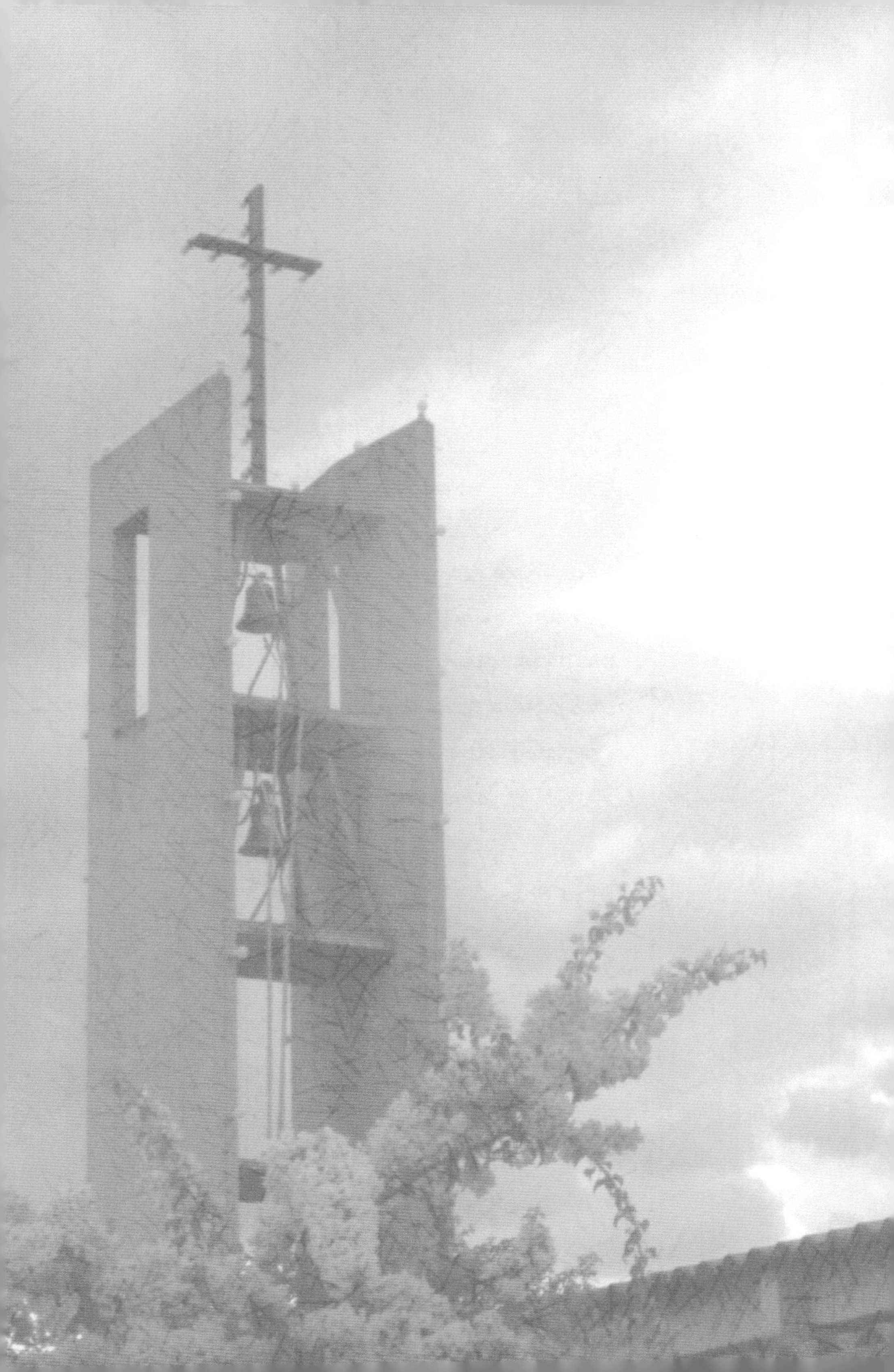

"Meu carmelo amado às portas da cidade
Sentinela e guarda da felicidade
Para o céu sorrindo e a Deus pedindo
Bênçãos para a terra, para as almas graças
Fortaleza de oração, carmelo feliz
Do meu coração."

O CONVENTO DEFINITIVO

22 de janeiro de 1969

Pela tardezinha do dia 22 de janeiro de 1969, tarde chuvosa de verão, antes de sair do convento "emprestado" com tanto amor, dona Balbina, como boa dona de casa, quis oferecer às irmãs que iam partir um lanche feito por ela. Algumas lágrimas caíram dos olhos, e os abraços foram sem fim...

No novo convento foi colocado o Santíssimo Sacramento. Quem acompanhou o Santíssimo e o colocou no novo mosteiro foi Dom José Costa Campos, grande amigo do Carmelo.

Esse gesto é bem teresiano. Santa Teresa d'Ávila, sempre que fundava um convento, a primeira coisa que fazia era colocar o Santíssimo Sacramento como sinal de que aquela casa, daquele momento em diante, seria de Jesus. Os tempos de Teresa eram difíceis por causa das heresias protestantes. Os luteranos não acreditavam na presença real de Jesus na eucaristia.

> A tarde estava bem chuvosa. Chegando na frente do convento, pusemos nossas capas brancas e entramos com solenidade, com bastantes amigos. A primeira missa foi celebrada por Dom José. O frei Luiz Fernando, irmão de ir. Maura, OSB, já tinha vindo para a festa da inauguração do novo carmelo, que seria dia 23. Monsenhor Mesquita assistiu à missa numa cadeira de rodas, acompanhado por seu sobrinho Olavo. Monsenhor Mesquita foi o grão de trigo que, caindo na terra, morreu para multiplicar-se em muitos e muitos grãos – graças, benefícios espirituais para

este nosso carmelo São José, que foi seu sonho dourado. E, depois, nós nunca poderemos esquecer o que o querido monsenhor Mesquita sofreu para realizar o seu sonho de ter um carmelo na Diocese da Campanha. Lá no céu, ele recebeu a recompensa...

Estávamos, enfim, no nosso convento! Parecia um sonho. Mas era a realidade, brotada dos milagres da providência divina, do sacrifício, das orações e da dedicação das primeiras irmãs, do auxílio de nossos benfeitores e da presença do dr. Giovani que, com sua inteligência, bondade, dedicação e talento, projetou e viu realizado este convento lindo, simples, acolhedor. Louvado seja Deus, autor de todo o bem!

Alguém comentou comigo o seguinte: "Este carmelo tem um 'quê' diferente dos outros carmelos. É o único em que a capela se adianta à construção, como que para acolher o povo e chamá-lo à oração, à presença de Deus, o Senhor da casa".

Restava ainda muita dívida a pagar, muita luta a enfrentar, mas estávamos naquilo que era nosso! Como Deus é bom! A comunidade estava bem, e muito unida e fervorosa. Graças a Deus!

Como estávamos devendo na telefônica e não podíamos pagar, cortaram nosso telefone. Mamãe, que viera para a nossa mudança e ficara aqui uns dias, viu isso. Ficou caladinha, mas, chegando em casa, arranjou uns amigos e mandou-nos a importância de que precisávamos para salvar nosso telefone, tão necessário aqui, pois naquele tempo não tínhamos nenhum vizinho. Estávamos aqui sozinhas, só com Deus. Até hoje, lembro a delicadeza da mamãe: mandou-nos a importância, a lista dos amigos, envelopes e cartões, para eu agradecer esses benfeitores. Em tudo mamãe era assim, lembrava-se dos menores detalhes em tudo o que fazia.

Um detalhe a contar: Dom José Costa Campos, tão dedicado amigo, teve a alegria de trazer para cá o Santíssimo Sacramento e colocá-lo no sacrário, no oratório que serviria para nós de capela até o acabamento do coro e capela. Celebrou também a primeira missa nesse mesmo oratório, na tarde de nossa chegada, 22 de janeiro de 1969, na presença de monsenhor Mesquita, já muito doente. E a delicadeza amorosa de Deus continuou a agir. Quando ele, Dom José, já muito doente, aceitou um convite nosso para celebrar ainda aqui em casa, celebrou neste mesmo oratório, dentro da clausura, num altar colocado no mesmo lugar desta sua primeira missa aqui, para assim despedir-se deste carmelo que lhe era muito amado. Na sua morte, foi velado em nossa capela, onde o cercamos de nossas orações.

Fico comovido em ver o amor do povo e do clero pelas monjas que iniciavam sua vida "regular" no mosteiro que tinha sido construído não por uma mão só, mas por muitas mãos. Um trabalho em mutirão, todos movidos pelo amor e pela fraternidade.

Nos sete anos em que as irmãs ficaram peregrinando de casa em casa, elas conseguiram cativar a simpatia e a estima de todo o povo, que começava a vir em procissão pedindo uma coisa ou outra, mas especialmente pedindo o que as monjas tinham: conselhos e orações.

"Os anjos e nossas almas devem neste conventinho cantar continuamente os louvores de Deus, pela alegria, a obediência, a humildade, a caridade".

Nossa ministra da eucaristia

O vento benfazejo do Concílio Vaticano II, recém terminado, pairava forte no Brasil. Tudo era novidade salutar, embora houvesse aqui e acolá "rincões" de tradicionalismos difíceis de serem vencidos; mas não era o caso da Diocese da Campanha. Uma vez encerrados os dias de visita nos quais as pessoas podiam entrar para ver o que há atrás das grades, dentro de um carmelo, a porta da clausura foi fechada.

O bispo Dom Othon, no dia 23 de janeiro, chamou a Nossa Mãe e nomeou-a ministra extraordinária da eucaristia, para que, quando faltasse o sacerdote, ela pudesse distribuir a eucaristia para as irmãs e para as pessoas que frequentavam o carmelo.

As irmãs, tendo como madre priora e guia a Nossa Mãe Tereza Margarida, estavam na nova casa, inacabada, com muitas coisas para serem feitas e muitas contas para pagar. Contudo, todos os credores eram pacientes e sabiam que as monjas podem atrasar, mas pagam direitinho. Isso também é estilo de Santa Teresa d'Ávila, que costumava dizer, em tom de brincadeira: "Teresa sozinha não faz nada. Teresa e um maravedi (moeda do tempo) fazem alguma coisa. Teresa, um maravedi e Deus fazem tudo".

Foram momentos difíceis, porque algumas irmãs, como a irmã Gema e a irmã Inês Aparecida, que tinham vindo de Aparecida para completar o número das oito monjas necessárias para a fundação, voltaram para a Aparecida. Havia o problema da alimentação, da construção, mas nunca faltou o necessário; e, enfim, nunca faltou a confiança em Deus providente, Pai amoroso e cheio de bondade para com aquelas que tudo dão por seu amor.

Deus, na sua bondade, estava enviando ajuda, não como uma torrente impetuosa, mas como que a conta-gotas. Minha mãe, Domênica, dizia: "De grão em grão a galinha enche o papo". Assim foi que as dívidas foram sendo pagas lentamente. Mas era necessário pensar em alguns meios de subsistência que garantissem o futuro do carmelo e não pesassem totalmente sobre os benfeitores. A nossa *Regra*, citando São Paulo, recorda que "Quem não quer trabalhar também não deve comer". E então surgiram várias ideias dos amigos do carmelo sobre o que fazer para ajudar as irmãs na luta diária, a fim de que não dependessem totalmente das pessoas de fora. A mesma Santa Teresa d'Ávila era amiga dos livros e do trabalho. Duas coisas que Nossa Mãe sempre teve presente na sua vida e sempre quis que a sua comunidade tivesse: bons livros e bons trabalhos. Uma ideia genial foi optar por ter irmãs externas, aquelas que são carmelitas, mas que não sentem a vocação para a clausura e são os anjos da portaria. Recebem as pessoas que desejam falar com as irmãs; têm olhos vivos, fazendo a primeira triagem de quem se aproxima do carmelo; possuem um bom espírito de oração e de discernimento; recebem a mesma formação das monjas; são uma preciosidade para os carmelos. Mesmo que nem todos os carmelos optem por tê-las, eu, pessoalmente, considero-as um dom de Deus, uma riqueza e um "cartão de visita" precioso para o carmelo. São elas que, com sua vida, refletem o que se passa dentro do mosteiro.

Vida comunitária, liturgia, fraternidade estavam caminhando bem, começaram a chegar as vocações. Uma vida assim restrita, mas não escrava das leis. O Concílio Vaticano II tinha entrado em cheio no coração de Nossa Mãe – creio que, também, graças ao seu irmão, arcebispo de Belo Horizonte, Dom João, que soube fazer com que a arquidiocese mineira passasse do rigorismo pré-conciliar à vida do espírito do pós-concílio.

Monjas empresárias

A família do tio Mario Tiso – amigos queridos do Carmelo –, vendo que as irmãs tinham um amor pela música, que cantavam quase "divinamente", deu a ideia de gravar um disco de Natal, com música e cantos das irmãs. E, para a música, não nos esqueçamos que Nossa Mãe era uma ótima pianista. E o disco fez entrar algum dinheirinho, mas não o suficiente para suprir as necessidades da comunidade.

Outro amigo deu a ideia de fabricar sabão: trabalho duro e cansativo, que ocupava as irmãs por muito tempo. Também não deu resultado. Um dia, conta a Nossa Mãe, ela se levantou com uma ideia fixa: "Vou acabar com a fabricação de sabão. Não rende, cansa e nos rouba o tempo para as coisas mais importantes".

Depois de pouco tempo surgiu a ideia de uma granja. Por uns dezoito anos deu certo. Dava lucro, mas lentamente também se viu que era algo muito trabalhoso e que dava resultados relativos. Galinhas põem ovos, dão carne... Mas dão trabalho, precisam de alimentação, de remédios, de cuidados...

O que fazer? O que não falta às irmãs carmelitas é criatividade e imaginação, e o bonito é que não desanimam de jeito nenhum. Então surgiu a ideia de fazer cartõezinhos de pergaminho para matrimônios, ordenação sacerdotal, batismo, primeira comunhão... Trabalho que você pode até deixar parado uma semana e que não grita, como as galinhas...

Parece que o que deu mais certo foi a "restauração" das imagens sacras. Sempre há alguém que quebre e alguém que conserte, e elas trabalham bem, sabem que uma imagem bonita desperta devoção e amor a Deus.

O trabalho das hóstias é um trabalho "místico-espiritual". Santa Teresinha, no seu tempo de sacristã, colocava com amor as hóstias nas âmbulas e rezava, porque iriam ser transformadas em Cristo e seriam alimento espiritual para as almas famintas de Jesus.

Enquanto isso, a comunidade, entre caminhos de flores e de espinhos, vai crescendo, tendo sempre à frente Jesus – caminho, verdade e vida.

A comunidade de Três Pontas sempre teve um amor especial para o decoro e a beleza da liturgia. Tinha irmãs musicistas, compositoras. Não eram Beethoven nem Verdi, mas tinham talentos suficientes para tornar a liturgia amável e mais vívida no amor e para glória de Deus.

> A liturgia, com as inovações que estavam aparecendo, era o nosso grande e importante dever. A música, o ensaio dos cantos pastorais, eram para nós uma higiene mental. Para mim, em especial, um modo de aliviar minha cabeça de tanta preocupação com dívidas etc. Amo a música e ainda tenho por ela uma gratidão profunda. Sendo ir. Verônica, minha subpriora, boa organista e até compositora, nós duas, com ir. Maria Teresa e as outras irmãs, ocupávamos o recreio da tarde em ensaiar os cantos. Ir. Verônica fez diversas melodias para o nosso ofício divino. Este era desempenhado com muito carinho e fidelidade entre nós. Houve um dia de rezá-lo só com duas irmãs! Porque a comunidade quase toda estava com uma grande gripe. Não deixávamos também os retiros mensais e os retiros anuais de cada irmã. O frei João Bonten, que neste tempo vivia em Belo Horizonte, deu-nos um bom curso sobre as Cartas de São Paulo, com conferências mensais, que muito bem nos fizeram. Dom Gerard Melleville ficou também nosso amigo, e outros padres também vinham fazer-nos um bem espiritual. Assim vivíamos procurando, do melhor modo possível, o ideal de santa madre, tão bem proposto no *Caminho de Perfeição*.

"NOSSA MÃE" MADRE TEREZA MARGARIDA: O SORRISO DE DEUS

Nossa Mãe conhecia bem a vida de Santa Madre Teresa, que nasceu em 1515 (e ela em 1915). Santa Teresa fundou o carmelo São José de Ávila em 1562; e Nossa Mãe, o carmelo de Três Pontas, em 1962. São datas que, no coração de Deus, têm um valor histórico. Creio que podemos comparar a Nossa Mãe, Tereza Margarida, em certos aspectos, a Santa Teresa d'Ávila: humilde, corajosa, com um ideal claro e um carisma bem definido. Quando lemos a sua autobiografia, sentimos como tinha assimilado os valores do Carmelo para além das normas jurídicas. Tinha uma atenção especial para celebrar com a devida solenidade as festas carmelitanas. E a primeira festa que foi celebrada no carmelo de Três Pontas, após a fundação, foi o dia 24 de agosto de 1962: memória da primeira fundação de Santa Teresa, no carmelo São José de Ávila.

No Carmelo, nós temos uma solenidade gradual. O espaço para a liturgia é simples, moderado. Isso para dar mais espaço às duas horas de oração, que eu chamo duas horas diárias de formação permanente, onde o mestre, o Espírito Santo, nos ensina o que devemos fazer, como devemos fazer e como devemos nos deixar guiar pelos novos caminhos da Igreja e da humanidade.

Se alguém me fechasse os olhos e me levasse a uma igreja e me deixasse ver a maneira como o altar foi preparado, saberia reconhecer se foi ou não preparado pelas monjas carmelitas. Elas têm a arte não do perfeccionismo, mas a arte dos pormenores, dos "retoques" de amor.

Tudo era bonito, bem-preparado. Muitos amigos e amigas que tinham o sentimento profundo do respeito às irmãs ajudavam como podiam, seja para pagar as dívidas, seja na alimentação; e os padres eram felizes por celebrar para as monjas a santa missa. Amadas pelo povo, pelo clero, pelo bispo, pelos religiosos e religiosas presentes na redondeza e na diocese, o que faltava ainda?

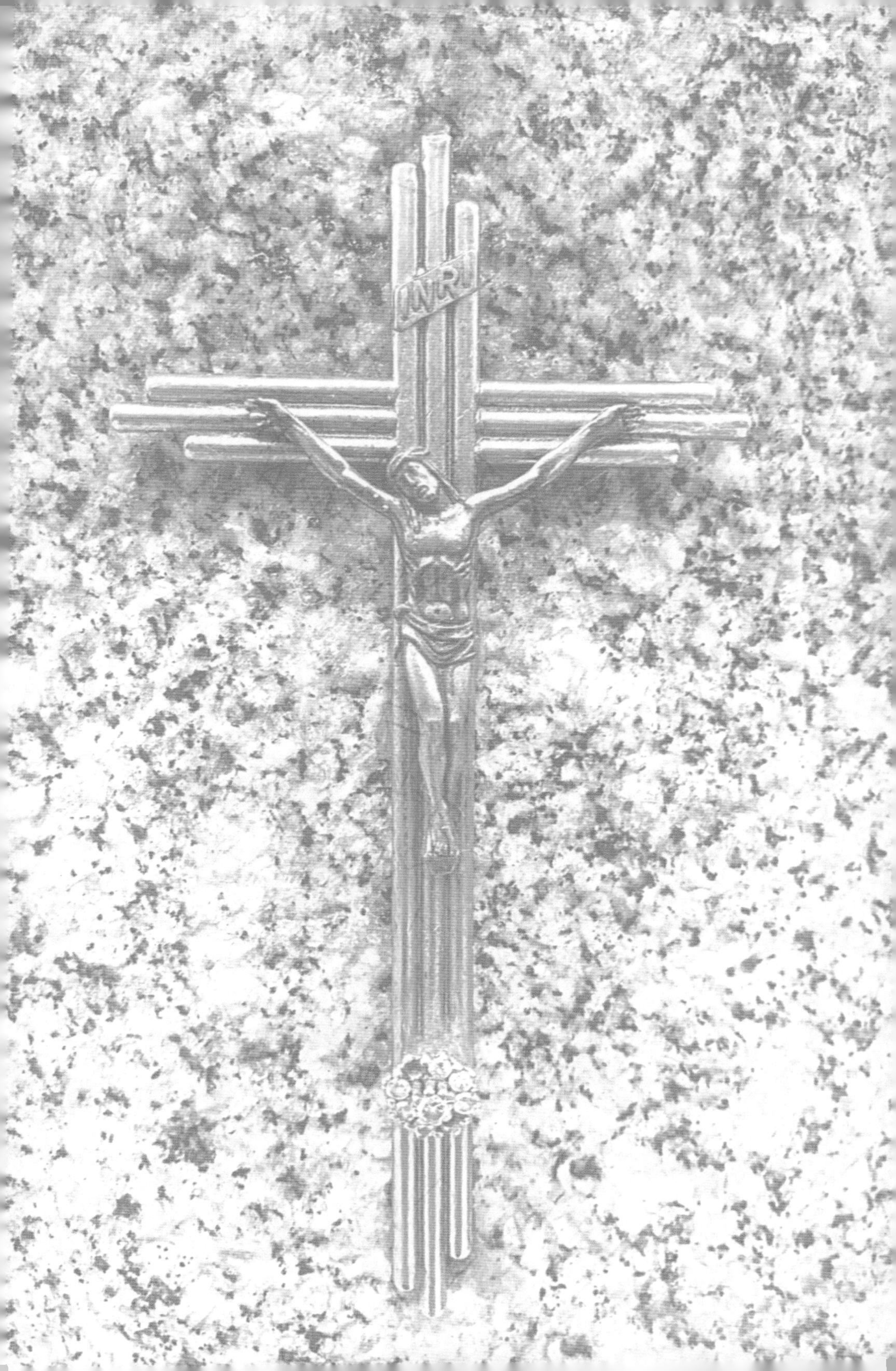
INRI

"Selou-se entre nós uma amizade de irmãos; nossos padres tornaram-se nossos amigos."

UM SÓ CORAÇÃO, UM SÓ CARISMA

Faltava uma coisa. O quê?

É sempre bom repetir que no coração de Nossa Mãe existem três amores que a inquietam: o amor a Deus, o amor à Igreja e o amor ao Carmelo. O Carmelo é uma ordem belíssima! Nasce na Terra Santa, espalha-se pela Europa, vive momentos difíceis de adaptação e sofre suas crises, mas suas raízes são sempre profundas, fundadas na palavra de Deus, no amor ao profeta Elias e à Virgem Maria, Mãe e Rainha do Carmelo.

Temos acompanhado as peripécias de Nossa Mãe, Tereza Margarida, que desde sua entrada no carmelo de Mogi das Cruzes manifestou um grande amor e disponibilidade ao projeto, não dela, mas de Deus. Deseja só uma coisa: querer o que Deus quer e como ele quer. Encontramo-la em Aparecida, em Santos, e, por último como "cegonha" para o seu ninho em Três Pontas.

O primeiro contato que ela teve com um carmelita calçado foi quando estava em Mogi: o frei Emigdio. Mas nunca é mencionado o nome de um carmelita descalço, a não ser o do padre Silvério, geral da Ordem, que veio visitar o Brasil.

O padre Silvério é um outro referencial para a Ordem, não só pela grande e monumental história que ele escreveu sobre Santa Teresa, mas também pela sua vida de autêntico carmelita descalço. Nasceu em 1914 e morreu no México em 1954. A ele devemos a publicação crítica e com notas muito importantes das obras de Santa Teresa d'Ávila. Mesmo na fundação de Três Pontas não aparece o nome de nenhum carmelita descalço, enquanto os frades já estavam presentes no Rio de Janeiro, São Paulo, Belo Horizonte e Caratinga. Talvez por causa da distância, da pouca comunicação entre frades e monjas. Devemos recordar que, quando Santa Teresa d'Ávila, no mês de setembro de 1567, encontrou São João da Cruz em Medina del Campo, a sua ideia fundacional era clara: era necessário que houvesse frades com a mesma espiritualidade das monjas, para que eles e elas se ajudassem reciprocamente no caminho da santidade e da missão.

Segundo nos relata a Nossa Mãe em sua autobiografia, o primeiro frade descalço que se aproximou do carmelo de Três Pontas foi o frei João Bonten, holandês que morava em Belo Horizonte. Um sacerdote muito bom, que amava de verdade as monjas e havia prestado grandes serviços à Ordem Carmelita Descalça. Frei João Bonten era da Província Holandesa. O vento benfazejo da unidade e da união de forças ainda não tinha chegado aos corações dos frades das três realidades no sudeste do Brasil. A Província Holandesa estava presente em Belo Horizonte e Ilhéus (Bahia); a Província Romana estava presente nos estados do Rio e de São Paulo; e a Província Toscana em Caratinga e mais tarde em Campos (Rio de Janeiro). Essas observações são necessárias para compreender a geografia do Carmelo no Brasil. No sul tinha a presença da Província de Burgos (Espanha).

O frei Inácio, que pertencia à Província Romana, tinha pregado alguns retiros às monjas. Mas eram visitas esporádicas. Ele esteve presente na sagração da capela, em 1971.

Com o passar do tempo, graças ao dinamismo e à capacidade unitiva de Nossa Mãe, os frades "brigavam" entre si para ir a Três Pontas, mosteiro mais amado no caminho de quem vai para São Paulo de Belo Horizonte ou vice-versa.

> Na Sagração da capela tivemos uma celebração belíssima. Dom José Costa Campos preparou-nos com três dias de aulas sobre a grandeza do ato e estudou conosco o antigo cerimonial daquele tempo, que era longo e muito bonito. Tudo foi feito com perfeição. O cerimoniário foi o padre Paulo Belém, muito sábio e

preparado para isso. Na véspera do grande dia, 15 de julho, além do breviário do dia, rezamos no oratório o ofício dos mártires, conforme as prescrições do cerimonial.

Dia de festa! Tudo se iniciou às oito horas da manhã. Dom Othon Motta, o nosso bispo diocesano, boníssimo e santo, entregou a Dom João, meu irmão, a honra de ser o consagrante. Havia diversos padres, e Dom José Costa Campos estava também presente. O secretário de Dom João, muito bom cerimoniário, pe. Paulo Belém, fez sua função maravilhosamente bem. Frei Luiz Fernando estava presente. Padre Ivo (redentorista) preparou-nos e ensaiou-nos muito bem nos cânticos, que eram muitos. Pe. Barbosa (redentorista) foi o comentador, e ficou com o microfone, pondo o povo a par de tudo. O coral da paróquia de Aparecida veio ajudar nos cantos mais simples. Ir. Verônica foi, como sempre, ótima organista. Cantamos a "Missa de Nossa Senhora do Carmo", composta pelo Celso (ex-estudante, OSB) especialmente para essa grande data. Tudo foi lindo, lindo! Durou mais ou menos três horas, não me lembro. Senti-me feliz com esse grande acontecimento.

Lentamente, todas as coisas vão sendo realizadas, o carmelo começava a ser um centro de difusão de espiritualidade e o povo ia participar das celebrações com muito fervor. Depois das celebrações, o povo tinha a possibilidade de falar com a Nossa Mãe, que para todos dispensava atenção e sorrisos.

"A caridade fraterna, o amor verdadeiro, não pode ficar escondida, pois o seu perfume delicioso enche o ambiente. É o doce e forte perfume de Cristo..."

Centenário de Santa Teresinha

O centenário do nascimento de Santa Teresinha (1873-1973) foi a chave de ouro que abriu as portas para a amizade "mais forte do que a morte" entre o carmelo de Três Pontas e os carmelitas descalços.

Devemos isso à inciativa do frei Redento Visca, que atualmente se encontra na Itália e, naquele tempo, era delegado provincial da Província Romana. Ele teve a brilhante ideia de visitar os carmelos com as relíquias de Santa Teresinha. A visita ao carmelo de Três Pontas tem pormenores especiais e até humorísticos.

As portas do carmelo se abriram e aí começou uma belíssima amizade, que ainda continua.

Nesse tempo, entraram vocações boas, preparadas, uma das quais foi irmã Vânia, que soube beber o carisma da fonte da experiência de Nossa Mãe – e que eu considero como Elias e Eliseu, isto é, aquela que soube colher a ternura, a essência do espírito carmelitano.

A comunidade estava crescendo e se enriquecendo de boas vocações. Foi nesse período que ir. Maria Teresa e ir. Ana Lúcia fizeram a profissão solene, e que ir. Vânia entrou. Em 1973, primeiro centenário do nascimento de Santa Teresinha, eu recebi uma grande e preciosa graça para mim e para nossa comunidade, e esta foi: a amizade de nossos irmãos OCD. E foi a querida Teresinha que nos deu esse presente. Recebi uma carta de frei Redento (hoje frei Roque), contando-me que ele estava organizando uma visita da grande relíquia de Santa Teresinha aos carmelos e perguntando se nós aceitaríamos receber a relíquia. Respondemos afirmativamente, e daí nasceu a amizade. Cartas se cruzaram, e foi resolvida a data.

Bem antes da data combinada, o nosso irmão aparece aqui chamando por mim. Trazia a relíquia, ocultamente, e nos propunha o seguinte: estava vindo a Pouso Alegre e queria que o relicário ficasse conosco em segredo, dentro da clausura, até o dia da festa. Depois, combinaríamos "simuladamente" a sua chegada num lugar perto da cidade, para que, num cortejo solene, ele, frei Roque, entrasse na cidade com toda a solenidade. E foi linda, linda, a festa. E aí começou uma das riquezas e alegrias maiores, a amizade com nossos irmãos OCD. Assim que frei Redento chegou aqui com a relíquia para ficar dentro da clausura, eu ousei pedir-lhe: "Quer o senhor mesmo entrar na clausura e levar lá, no oratório do noviciado, o relicário?". Ele atendeu meu pedido, e eu fiquei muito e muito contente. Assim se fez. No dia da grande festa, como uma multidão enchia todas as dependências de fora da clausura, ele, por si mesmo, entrou na clausura para atender as irmãs e tomar uma refeição. Ele era provincial, e eu via que nossos irmãos nos aceitavam como éramos! Que grande graça para nós! A clausura tem seus grandes valores. E nós a amamos. Mas tem uma lei acima dela: a caridade e o amor.

Depois da festa de Santa Teresinha, escrevi ao frei Roque agradecendo-lhe a grande graça recebida. Ele respondeu-me numa carta, que eu deixei arquivada; e lá ele diz assim: "Se as senhoras gostaram de mim, muito mais eu gostei das senhoras!". Que alegria inundou minha alma! Depois do frei Roque, veio o frei Pierino para um retiro espiritual rico de ensinamentos, de muita amizade fraterna e de alegria. Depois veio frei Anselmo e frei Tarcísio. Este estava no Brasil para alguma incumbência e veio muitas vezes aqui. Veio depois frei Patrício, frei Cirilo... E foram chegando, e vão chegando nossos irmãos, e todos foram tecendo laços de amizade fraterna, de quem comunga a mesma vida de oração com Maria, a Mãe e Rainha, a Santa Madre, Santo

Padre João da Cruz e todos os nossos santos e irmãos do céu. Todos os nossos irmãos, nem posso citar nomes, estão no nosso coração, e eu digo feliz: Como é bom termos irmãos!

Nossa Mãe não tinha preconceitos entre carmelitas calçados e descalços: se é carmelita, é bom. Ela, com seu jeito, soube unir os descalços e os irmãos mais velhos, que se chamam da antiga observância ou calçados. Mas como é bom e inteligente o nosso povo, que não faz essas distinções e chama a todos de carmelitas!

O frei Nuno, carmelita calçado, meu grande amigo, durante a novena de Nossa Senhora do Carmo em 1987, apareceu com um "mutirão" de frades para fazer a novena. Nossa Mãe observa que foi uma coisa muita boa, e a amizade se ampliou. Uma união que nem todos viam com bons olhos – havia ainda resquícios de desentendimento entre calçados e descalços.

Entra em cena nesse tempo aquele que considero o maior amigo do carmelo de Três Pontas: frei Pierino Orlandini, um amigo, um poeta e uma pessoa que tinha o dom da escuta. Faleceu de covid e deixou um grande vazio no coração de muitas pessoas.

Certo dia esteve no carmelo de Três Pontas o frei Sérgio, carmelita calçado, dando de presente à Nossa Mãe, uma pequena cruz de metal. Algum tempo depois, frei Pierino Orlandini, carmelita descalço, numa de suas visitas ao carmelo colocou essa cruz bem colada na coluna do sacrário, no coro, a pedido de Nossa Mãe, e a partir de então Nossa Mãe passou a chamá-la de "cruz da unidade", significando a união dos dois ramos da Ordem: calçado e descalço. Frei Emanuelle Boaga, carmelita calçado, grande historiador da Ordem, que ministrava cursos para as irmãs, foi quem, a pedido de Nossa Mãe, abençoou essa cruz, colando a seus pés uma pedra preciosa que Nossa Mãe ganhara, simbolizando a Virgem Maria, selando assim esse gesto de fraternidade e união entre os dois ramos da Ordem Carmelitana.

O que vale é a intenção e saber colocar junto a riqueza que têm as duas ordens que vivem da espiritualidade profética, mariana. E atualmente a Ordem no seu todo – Calçada e Descalça – se alimenta dos santos que Deus nos doa. Essa unidade permitiu realizar iniciativas belas de difusão da espiritualidade, especialmente com a vinda periódica do grande apaixonado pelo carmelo: frei Emanuelle Boaga.

Em 1987, frei Nuno, OC, veio aqui com o "mutirão" da novena de Nossa Senhora do Carmo, e como nos fez bem! Aqui não fazemos diferença entre "calçados e descalços", todos são carmelitas, todos são nossos irmãos. Há na coluna de nosso sacrário, no coro, a "cruz da unidade". Frei Sérgio, OC, deu-a a nós. Frei Pierino, OCD, colocou-a bem colada nessa coluna, e frei Emanuele Boaga, OC, benzeu-a. Junto a essa cruzinha, coloquei um diamante, presente de uma amiga. Este representa Nossa Mãe Santíssima do Carmo, abençoando, unindo todos nós, seus filhos e filhas. É tão bom ser irmão de todos, no aconchego do manto de Maria, a Mãe! Santa Madre não deixaria essa divisão na Ordem, assim eu penso. Aceitou a separação em província, em parte, mas dentro da grande família carmelitana, por força das circunstâncias daquele momento histórico. Graças a Deus, nossos padres gerais têm reatado e cultivado a amizade entre as duas famílias, que pelo amor e pela origem fazem uma só.

No Carmelo Descalço no Brasil, tinha-se e sempre teve muita devoção à Nossa Senhora do Carmo, e fazia-se a sua novena com carinho, mas só dentro da clausura. A festa era celebrada com missa solene, com alguma outra homenagem à Mãe Santíssima, mas tudo muito simples, e só para a comunidade. Em Mogi das Cruzes, eu já via como os nossos irmãos OC faziam festejos exteriores nessa novena. Mas achava que nós, OCD, nunca poderíamos fazer como eles. Em 1972, em janeiro, ir. Vânia entrou no Carmelo. Ela assustou-se por ver a nossa "noveninha" tão simplesinha para a Mãe. Formada na Congregação das Carmelitas da Divina Providência, que tinham a formação de nossos padres OC, ela contou-me como se festejava lá a novena. Em 1973, já começamos a solenizar muito mais a Mãe Santíssima. Ela ensinou-nos diversos cantos. Eu escrevi as melodias ensinadas por ela, para a comunidade cantar, e nossa novena começou a ser bem solenizada, mas tudo feito dentro da clausura: fazíamos limpeza grande na casa; fazíamos de noite, no lugar de completas, com solenidade, o lucernário, ensinado pelo redentorista frei Ivo; o Santíssimo Sacramento exposto; nós, com capa; e cada irmã, escolhida ou sorteada, lia ou falava simplesmente algo sobre Nossa Senhora do Carmo; usava-se o turíbulo com incensação, feita pela priora. Assim, já tínhamos dado um bom passo.

Em 1985, conheci o frei Nuno, OC. Soube, através dele, como faziam "mutirão" para a novena de Nossa Senhora do Carmo, com uma equipe de religiosos estudantes e irmãs das Divina Providência, presidida por um padre OC. Convidei-o a vir aqui, e em 1987 tivemos a primeira novena solene com a participação do povo. Que beleza! Que graça!

Nasceu então a Fraternidade do Escapulário, que até hoje faz em nossa capela reunião, oração uma vez por semana e ajuda a solenizar a novena anual.

No dia 16 de julho convidamos frei Nuno e sua equipe a entrar na clausura, para uma pequena visita. Foi uma alegria muito grande de ambos os lados. Como é bom sermos irmãos! Lembro-me que, quando abri a porta, frei Nuno estava meio "sem jeito", não sabendo como era o cumprimento, e eu abri os braços para um grande abraço, fraterno, filial. E assim começou ou, antes, estreitou-se uma grande amizade que dura até hoje.

Os mutirões carmelitanos acabaram, mas as novenas de Nossa Mãe Santíssima do Carmo estão cada vez mais fervorosas e mais festejadas com o povo que dela participa e dela goza e recebe graças da Nossa Mãe e Rainha.

Devemos agradecer à Nossa Mãe Tereza Margarida, que soube dar ao carmelo de Três Pontas essa abertura de fraternidade, de comunhão e de unidade. Três palavras que sempre me vêm em mente: unidade, comunhão, missão. Na verdade, lendo a autobiografia de Nossa Mãe, percebemos como o Senhor foi generoso em derramar sobre ela os dons do Espírito Santo. Ela soube fazer frutificar os dons recebidos. Não enterrou os talentos, mas os colocou no "banco do amor", como Santa Teresinha do Menino Jesus.

É muito bonito como Nossa Mãe fala da sua comunidade, como agradece a Deus o dom das vocações que vão chegando. Ao mesmo tempo, não faltavam dificuldades, coisas da vida cotidiana, da convivência de uma comunidade. Uma irmã adoece, outra está preocupada com a saúde da mãe, outra está cansada e outras não têm o dom da música.

A necessidade faz com que todos nós sejamos um pouco "heróis". Depois de vinte e oito anos, Nossa Mãe começava a tocar de novo o órgão para embelezar e alegrar as celebrações litúrgicas da comunidade. Mais tarde, ela procurará que outras aprendam. E assim a vida cotidiana do carmelo caminha na alegria e na cooperação.

O carmelo de Três Pontas sempre foi apontado pelos outros carmelos como "prafrentex". Era um carmelo que tinha como guia uma monja equilibrada, aberta e, podemos dizer, santa. Que sabia dosar austeridade com a alegria da comunidade. São Paulo dizia que o arco sempre retesado acaba por romper-se. Uma vida serena e tranquila é o ideal para uma íntima comunhão com Deus e com os outros.

No dia 19 de março de 1997, Nossa Mãe tocou pela última vez o órgão. Esse gesto de humildade revela como ela sabia dar espaço aos outros. Nunca foi autorreferencial. Sempre a sua preocupação era agir no silêncio, no escondimento, e promover os outros.

Em 1997, na festa de São José, 19 de março, eu toquei o órgão pela última vez. Às vezes me custa isso, pois tenho saudade de tocar, mas, graças a Deus, o amor tudo torna fácil. Temos agora quem me substitua, graças à bondade dele e o esforço das filhas.

O sacrifício, a oferta da própria vida como perfume de incenso que sobe para o céu, espalhando o leve perfume da amizade, da fraternidade, foi a vida de irmã Tereza Margarida, que não buscou a si mesma, mas a glória de Deus, o bem das irmãs e do Carmelo.

"Quero, como Santa Teresinha, nada escolher. Tudo aceitar das mãos do Pai do céu."

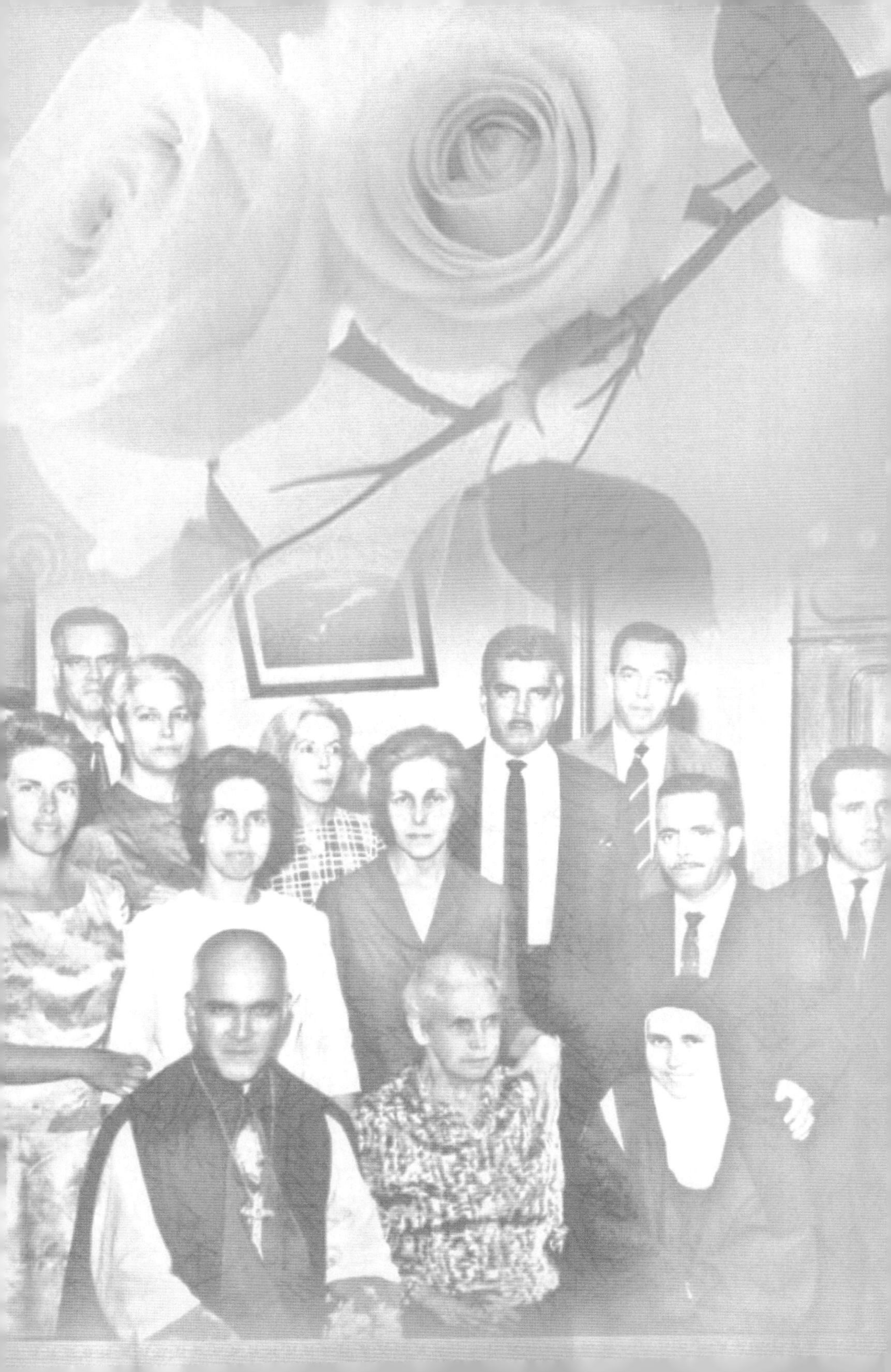

"Vamos dia a dia nos aproximando mais de nosso fim.
Vivamos, pois, já com o coração no céu,
a nossa verdadeira pátria."

O CÉU É LOGO ALI

A cruz da saudade é grande

Dizem que a palavra "saudade" é intraduzível. É um sentimento que Deus colocou no coração de todos os brasileiros. E, quando não sabemos como expressar o amor pelos outros ou quando a nossa memória vai refazendo o filme da vida, dizemos: "tenho saudade". A idade avança para todos, bons e maus. Como a chuva e o sol que nasce sobre os bons e os maus, assim é a idade. Também para Nossa Mãe a idade vai avançando, e ela, com delicadeza, canta o seu canto de saudade. É como o *Magnificat* que todas as tardes, quando a Igreja celebra vésperas, eleva o seu canto fazendo memória da Virgem Maria. Esse cântico de Nossa Mãe é uma porta aberta, que nos permite entrar em silêncio, na ponta dos pés, no seu coração e escutar com profunda atenção, tendo ao fundo uma música "que enamora" o nosso coração.

O filme da vida continua, mas há momentos em que todos nós temos saudades do ontem e desejamos rever, reescutar instantes que marcaram a nossa existência. São lugares, pessoas, encontros com Deus, dificuldades, quedas... Tudo passa diante de nós, e somente podemos dizer: "Graças, Senhor, bendigo-te, aceito". E a saudade se faz oração contemplativa mística.

Acompanhando a vida de Nossa Mãe, vimos vários momentos em que ela fala da invasão de Deus na sua alma. Os biblistas falariam do "*kairós*" ou da "hora H" em que Deus, sem nos pedir licença, realiza a sua obra de santificação.

Volto atrás, e hoje, 28 de maio, está minh'alma cheia de lembranças doces e dolorosas, e principalmente cheias da presença de Nossa Senhora. Nesta madrugada, em 1937, mamãe me acordava com aquela sua delicadeza, para levantar-me e deixar minha amada casa, meu lar, e ir para onde ele me chamava, o Carmelo, o desconhecido. Mas... Ele me chamava e isso me bastava!

Hoje, ano 2000, acordei muito cedinho, antes das quatro horas da madrugada. A imagem de Nossa Senhora, bem juntinho de nossa cama, já me atraiu, já me encheu a alma de sua presença.

Hoje, aqui em casa, como é domingo, as irmãs descansam mais... Mas o costume não me deixa dormir mais, e, por isso, levanto-me sempre cedinho. É tão bom escrever e rezar no silêncio da madrugada, enquanto a comunidade dorme quietinha, num repouso muito merecido, porque todas as irmãs trabalham muito, tanto no serviço da casa quanto no trabalho lucrativo, porque é com o trabalho da comunidade que nós nos sustentamos, graças a Deus.

Em 1976, mamãe morreu. Morte santa, cercada do carinho dos filhos, netos, parentes, amigos. Estive em casa nessa ocasião. Foi tudo dolorosamente lindo e cheio do céu. Já contei tudo no livro *E foi podando uma roseira*. Aproveito para contar como saiu esse livro, que uma carmelita nunca poderia fazê-lo. Escrevi para os irmãos algo sobre mamãe e sua partida. Ir. Vânia fez as cópias para mim. Dom João recebeu-a e me escreveu: "Chorei da primeira à última página de seu livro, e é preciso publicá-lo". Os irmãos pagaram a impressão, e o livrinho saiu. A 2ª edição foi feita por um santo e grande propagador da boa leitura, o pe. Afonso, de Curitiba.

Depois da mamãe, os filhos foram partindo também, meus irmãos queridos.

Margarida foi para o céu antes da mamãe, em 1967. Como foi doída, para todos nós, a partida muito repentina e inesperada dessa irmã querida! Era uma perfeita cristã, esposa e mãe, exemplo para todos. Mamãe sofreu demais. Isso aconteceu em 2 de novembro. Meus quinze sobrinhos órfãos continuaram a vida de família junto ao pai.

Os outros irmãos foram partindo e deixando muita saudade. José faleceu em Osasco. Fui visitá-lo alguns dias antes de sua partida. No dia de seu enterro, ir. Vânia e ir. Mª do Carmo foram em meu lugar.

Neném (a mais velha) faleceu em Belo Horizonte. Dom João foi quem me deu a notícia, e ele com Dom Serafim estavam no enterro. Eu fui também.

Sarita faleceu no Rio, onde viveu sempre após a morte do papai, e daí ajudou a todos os irmãos e sobrinhos que dela precisaram. Sua bondade e inteligência eram maravilhosas. Todos os que a conheceram sentiram muito sua perda. André e Alzemiro partiram logo. Flávio morreu em São José dos Campos. Dos doze, ficamos cinco. A cruz da saudade é grande.

O Carmelo é um porto, um vai e vem. Nem todas as jovens e os jovens que entram ficam. Entra-se para verificar se o Senhor nos chama, para fazer discernimento. Mas, todas as vezes que alguém decide partir por outros caminhos, vai também "um pedacinho do nosso coração". Criam-se laços de afeto muito profundos, como era na primeira comunidade cristã. Sofre-se, mas se busca sempre o bem das pessoas. Os caminhos do Senhor não são os nossos. Os seus projetos não são os nossos. A nossa docilidade é ajudar as pessoas a saber escolher o próprio caminho.

Não existe carmelo que navegue no dinheiro, mas está sempre na dificuldade. E são pequenas dívidas que, associadas a outras pequenas dívidas, se tornam grandes dívidas. Mas a fé na providência é maior que as dívidas. E Paulo diz: "Não tenhais entre vós nenhuma dívida, a não ser o amor". Mesmo com as dificuldades econômicas da comunidade, os frades sempre saíam de lá com o carro cheio de providência e um dinheirinho para a gasolina. Esse era o coração de Nossa Mãe. Esse é o estilo teresiano que existe nos carmelos.

"Prontidão para executar aquilo que nos leva mais a Deus e nos lança plenamente no seu coração."

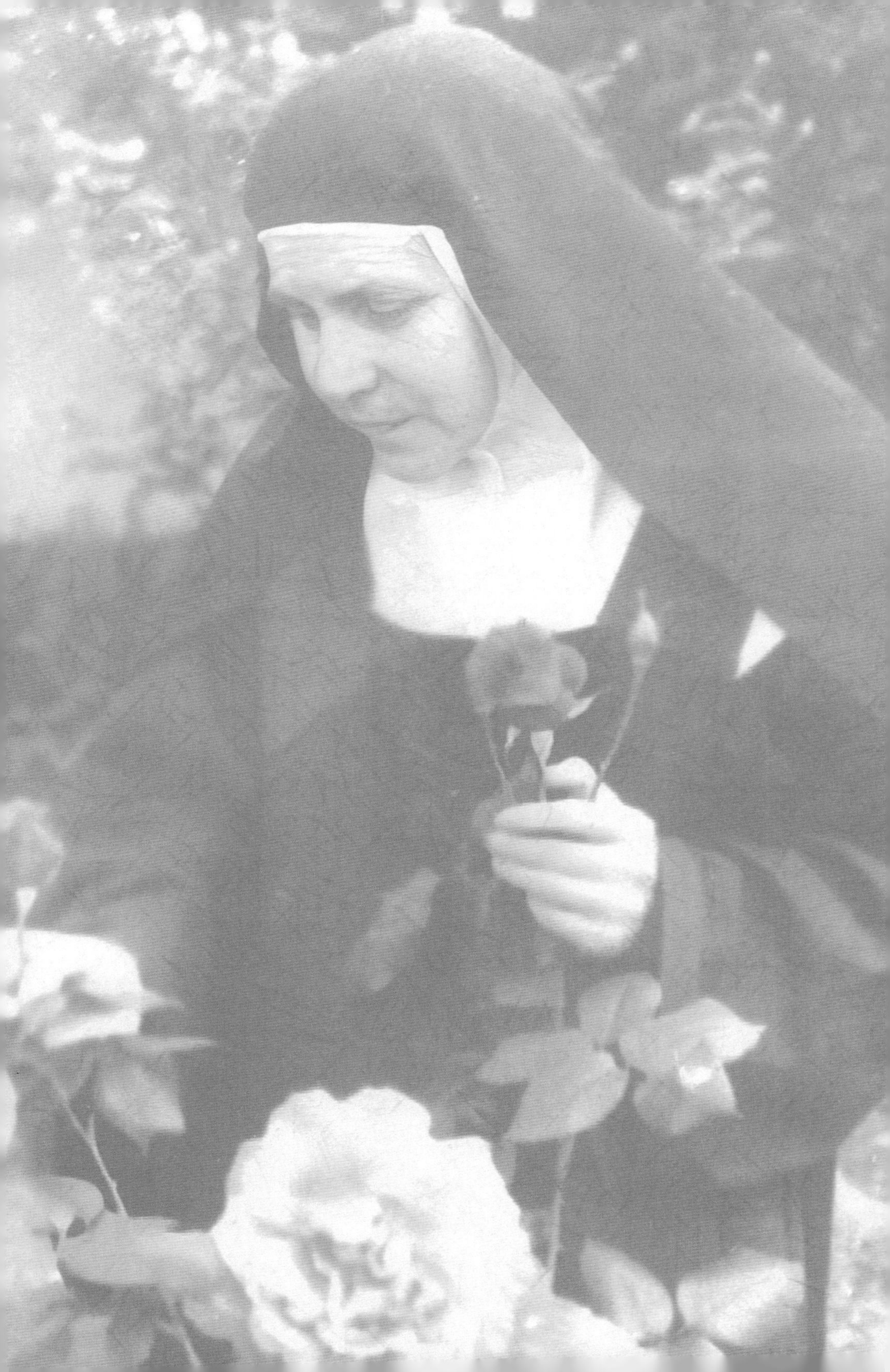

"A gratidão é a fina flor do coração."

GRATIDÃO

Os pequenos benfeitores

"Onde está o teu tesouro, aí está o teu coração." É fácil adivinhar onde estava o coração de Nossa Mãe e qual era o seu tesouro. Sem dúvida, era Deus antes de tudo, e depois todas as pessoas que, de uma maneira ou de outra, passaram por sua vida. Há, em uma página de sua autobiografia, o que chamei "cântico de Nossa Mãe", como existe o cântico de Daniel, no qual todas as coisas e pessoas tomam voz e a comunidade responde: "bendizei o Senhor". Nesse cântico, Nossa Mãe relembra todas as pessoas com uma memória fantástica. Os grandes benfeitores, sacerdotes, bispos, médicos, trabalhadores... No seu coração de mãe, há sempre lugar para todos. É uma página que se lê com alegria. Não a transcrevo porque, como costumava dizer Jesus: "Que a tua mão esquerda não saiba o que faz a tua direita". O bem se faz e não se diz. Mas saber que Nossa Mãe não esquecia ninguém nos faz muito bem e nos impulsiona a continuar a fazer o bem. Mas, em certo momento, ela lembra os pequenos benfeitores, aquele do óbolo da viúva:

> Jesus estava sentado no templo, diante do cofre das esmolas, e observava como a multidão depositava suas moedas no cofre. Muitos ricos depositavam grandes quantias. Então chegou uma pobre viúva, que deu duas pequenas moedas, que não valiam quase nada. Jesus chamou os discípulos e disse: "Em verdade vos digo: esta pobre viúva deu mais do que todos os outros. Todos deram do que tinham de sobra, enquanto ela, na sua pobreza, ofereceu tudo aquilo que possuía para viver" (Mc 12,41-44).

Aqueles benfeitores são como "formiguinhas", que não dão muito porque não têm, mas repartem o que têm com todo amor e carinho. Os pobres são os mestres da generosidade. Eles não sabem guardar para amanhã, mas doam com amor e com uma alegria que, muitas vezes, não podemos experimentar quando temos tudo. Recordo que, quando era vigário em Caratinga, uma senhora de uma certa idade um dia me disse: "Frei, estes morangos são os primeiros do jardim; deu cinco, guardei um para o senhor, porque uma vez o senhor falou que gosta muito". Assim é o amor, um morango dado por amor vale mais do que um churrasco. Quem chegava ao carmelo para visitar sempre tinha alguma coisinha: uma broa, um cafezinho e, no verão, um refresco.

Em tudo e por tudo eu sou muito grata a Deus e procuro que as irmãs o sejam também. Não posso, também, esquecer as nossas famílias, que cada uma, de um modo ou de outro, dá-nos seu auxílio, nem que seja o da amizade e solidariedade. Diante de Jesus coloco os nossos benfeitores, todos os dias, e rezo por eles. Desde o menino bem pequeno, que nos nossos primeiros dias na cidade (1962) veio trazer-nos um pãozinho, dizendo: "Trouxe para as irmãs, e comprei com o meu dinheiro!"; até os grandes benfeitores de hoje, a todos eu amo e por todos rezo; peço para Jesus livrá-los dos grandes males de hoje e dar-lhes um dia a recompensa eterna. Aqui em casa, quero que formemos, pelo amor e oração, uma grande família, que a família de uma seja a de todas. Acho tão triste a ingratidão.

"Vivíamos dia a dia na confiança inteira no coração de Jesus. Faltava-nos tudo, mas nunca nos faltou a confiança em Deus."

GRATIDÃO

Bodas de ouro

A comunidade se preparava em silêncio para celebrar as bodas de ouro de Nossa Mãe, de vida consagrada totalmente a Deus, à Igreja e ao Carmelo. No entanto, a comunidade de Três Pontas via claro que não podia nem esperar ter outra priora naquele ano, que começara frágil, cheio de preocupações e de dívidas – não de amor, mas de dinheiro. A irmã Tereza Margarida foi eleita, reeleita e postulada. Na linguagem da Igreja, isso significa que, depois de três anos e depois de outros três anos, precisa de uma licença especial. Que Nossa Mãe foi uma ótima priora, vê-se claramente. Ficou à frente da comunidade por dezoito anos, e depois foi ela mesma que, com sua humildade, disse: "Basta. Tem na comunidade outras pessoas capacitadas para levar à frente o carmelo".

Ela não teve a doença da "insubstituibilidade". Eu tive essa doença, mas um dia fui visitar o cemitério e vi que todos foram substituídos, e o Carmelo, a Igreja e o mundo vão para frente, seja antes de nós, conosco ou depois de nós. Embora seja muito triste pensar que, durante a nossa presença na terra, o mundo piorou, eu penso que com a Nossa Mãe o mundo melhorou. Ela nunca se cansou de fazer o bem.

As bodas de ouro foram uma festa e tanto! Chegaram todos os parentes e amigos. Quem presidiu a eucaristia foi o irmão, arcebispo de Belo Horizonte, Dom João. Na festa esteve presente o padre Jonas Abib, fundador da Canção Nova, e tantas outras pessoas que quiseram manifestar carinho e amor. A missa terminou com um dos cantos preferidos de irmã Tereza Margarida: "Eu quisera". Ela não conta, mas creio que naquele momento algumas lágrimas desceram no rosto sereno, extasiado, de Nossa Mãe.

E a vida continuou. Em 1991, deixei pela última vez o cargo de priora. Lembro-me que nosso bispo, ao acabar as eleições, disse-me:

– Que alívio, não é, madre?

Eu respondi com sinceridade:

– Não é difícil governar nossa comunidade. As irmãs são tão boas!

Na verdade, podia cantar "O inverno já passou... As chuvas cessaram... Ouve-se o arrulhar da rola... Aleluia". Voltei, a pedido de ir. Vânia, ao cuidado das noviças, lugar em que estou até hoje, e feliz. Cada vez compreendo mais que, antes de tudo, é preciso que a mestra respeite e ame com amor verdadeiro, que só deseja o bem das formandas.

É preciso corrigir-lhes as faltas, mostrar-lhes a seriedade da vida religiosa, mostrando-lhes o amor gratuito de nosso Deus e a grandeza sublime desse chamado. Nos retiros para a entrada no noviciado e vestição, para a primeira profissão, após os dois anos de votos simples, e no grande retiro para a profissão solene, perpétua, a mestra não deve, não pode deixar a formanda sozinha. Eu as sigo diariamente, procurando-as para um colóquio espiritual. Isso tem sido muito válido, muito proveitoso. Aqui em casa, como as noviças ou formandas têm muito contato fraterno com a comunidade nos recreios, no auxílio e na aprendizagem dos ofícios da casa, há entre elas e as irmãs professas o conhecimento necessário para uma convivência fraterna, que se abraça para sempre. Há também uma equipe de formação, e cada formanda, desde o postulado, faz o seu caderno de anotações das aulas, e compete à mestra revisá-los. Gosto de estudar com elas, e mesmo saborear com elas: Santa Madre, São João da Cruz, as pequenas reflexões do sábado sobre Nossa Senhora, a Mãe querida, e o documento pós-sinodal *Vida Consagrada*, de nosso papa João Paulo II. O pequeno livro de Dom Marmion (OSB), que me fez tão grande bem nos primeiros dias de meu noviciado (graças à minha inesquecível mestra madre Raymunda dos Anjos), continua a fazer bem às minhas formandas. O seu nome é *Sponsa Verbi*. A história de nossa vocação tem que ser uma história de amor. Amor espiritual, místico, no qual a cruz nunca pode faltar, porque o Esposo, o nosso Divino Esposo, é um Homem-Deus crucificado. Ó meu Deus, como vós me cercastes de carinho! E como me ensinastes e me ajudastes, dia a dia, nos meus tempos passados! Tudo é graça! E hoje posso dizer, na alegria transbordante do meu coração: Ó meu Amado, matando, morte em vida vós mudastes! E toda a dívida pagais! O meu Amado é meu, e eu sou dele!

Nossa Mãe aproveitava todas as oportunidades para falar de Deus. Não se preocupava se os outros queriam escutar ou não. Na casa de Teresa, ou se fala de Deus ou não se fala.

Sua missão e sua presença perto das noviças não eram mais palavras que ela poderia dizer, mas o seu exemplo, que era uma coletânea de mensagens vivas. Ela educava com o exemplo, e as palavras que dizia davam a perceber que não eram fruto de estudos, vazias, mas eram vida e vida em abundância.

"Na hora de nossa morte precisamos estar com a lâmpada acesa da fidelidade à nossa vocação. E essa fidelidade deve aparecer nos nossos três votos: obediência, pobreza, castidade."

Eu aprendo para doar

Ficamos maravilhados ao constatar a humildade de Tereza Margarida, Nossa Mãe, que lentamente se despoja de tudo para revestir-se de Jesus Cristo, seu único amor. Sabe dar o melhor de si, e vê as suas amadas irmãs partirem: quem vai para fundação de Bonfim, na Bahia; quem vai para fundação de Coronel Fabriciano; e, agora, quem vai para a fundação de Patos de Minas... Nossa Mãe é feliz em poder ajudar.

No fim de sua vida, percebe que deve ainda aprender muitas coisas. Ela, mestra, se faz discípula e ensina os caminhos de Deus. Descobre ainda mais os nossos santos pais São João da Cruz e Teresa d'Ávila, que devem ser amados, ensinados e vividos. Com as formandas, ela transmite e também aprende e aprofunda sempre mais a "Chama viva de amor", a "Noite", a "Subida do Monte Carmelo" ou o grande manual de oração, que é o "Cântico Espiritual". A Santa Madre Teresa sempre esteve na vida íntima de Nossa Mãe. Ela é discípula para ser mestra das novas gerações. Não aprecia muito as discussões filosóficas, teológicas; ela ama a vida em Cristo Jesus.

O coração da Nossa Mãe é amplo e tem lugar para todos. Se o seu olho for puro, tudo o que você vir será puro; e se o seu olho é doente, malicioso, tudo o que você vir será doente e malicioso. O coração e o olhar de Nossa Mãe têm a limpidez de Deus. Bem-aventurados os puros, porque verão a Deus.

Toda sua vida foi um cântico, um *Te Deum* de ação de graças, especialmente por ver o Carmelo entrar no seu carmelo através dos frades carmelitas descalços e da antiga observância. Poderíamos dizer que era uma procissão santa, de vai e vem de carmelitas que vinham com alegria e iam embora com profunda saudade. Nossa Mãe faz uma lista de nomes e não existe um nome, isso eu garanto, de quem ela fale mal. Todos são bons, amigos e santos. Assim são os olhos de quem contempla Deus.

DIVISÕES, NUNCA

Na sua autobiografia, ela conta como foi bonita a ordenação do frei Alonso Gustavo Malaquias, carmelita calçado e filho de Três Pontas. Fez uma reflexão, que eu assino com o coração e com as mãos.

Agora (19 a 22 de julho), nestes dias, estão aqui em casa muitos irmãos, que vieram para a ordenação sacerdotal de frei Alonso. Como eu estou feliz! E sinto que Santa Madre também o está lá do céu. Ela não deixaria a grande ruptura de 1581! Na verdade, somente a separação das províncias, como se resolveu ainda durante sua vida, já trouxe a paz que ela queria.

Estou escrevendo hoje, 23 de julho de 2000. Minh'alma está transbordante de alegria! Ontem foi a ordenação sacerdotal do pe. Alonso. Nessa semana que se passou, a ocupação e preocupação da comunidade foi essa grande festa. É o primeiro padre carmelita na cidade, e despontou-se essa vocação numa, ou, antes, na primeira novena solene de Nossa Mãe Santíssima do Carmo (1987), com o querido frei Nuno. Que festa bonita! Ele, fervoroso e muito feliz. Os nossos irmãos, desde o bispo eremita Dom Vital, e o provincial, frei Paulo, padres, noviços, postulantes e vocacionados, encheram nossa casa de alegria, piedade, entusiasmo. As celebrações na capela, tudo foi festa fraterna, alegre, transparente da presença divina. Nossa Santa Madre deve estar sorrindo no céu, e nosso pai São João da Cruz também. Na nossa portaria (onze deles dormiram aqui), as nossas duas irmãs externas, Margarida e Clara Beatriz, como sempre, cuidaram disso e de tudo que é de seu dever com o esmero que lhes é peculiar. As irmãs de dentro, encarregadas da portaria, com a mesma bondade e alegria cumprindo os seus deveres. Nesses dias, de vez em quando eu dava uma "*tournée*" na cozinha, nas dispensas etc., e via os rostinhos alegres, silenciosos, das irmãs, trabalhando duas ou três juntas, fraternalmente. Que beleza! É de louvar a Deus, que é tão bom! Quantas vezes eu digo com sinceridade, na ação de graças: a nossa comunidade é muito boa, eu não a mereço, é presente dele, o Pai amado! Eu vivo agradecendo. Irmã Vânia dirige tudo, age com a sabedoria de Deus, e tudo caminha bem. Como Deus é bom! E seu amor nos envolve. Eu vejo em nossa comunidade a boa direção de ir. Vânia e a obediência das irmãs. Por isso, tudo caminha em paz, na alegre harmonia que me faz muito feliz. Como Deus é bom! É eterno seu amor.

As divisões são frutos de uma falta de diálogo, de escuta e de amor. "Onde não tem amor, coloca amor e receberás amor." As divisões são feridas no coração de Deus, da Igreja e do Carmelo. Não podem existir dois Carmelos, dois carismas: um único Carmelo, um único carisma, três manifestações – monjas, frades e seculares. Atualmente essa visão profética de frei Camilo Maccise não tem um caminho de volta, embora já se vá remando contra a correnteza do tempo e da história.

"Pode-se ensinar, corrigir, mas com o amor e o respeito devidos a todas as nossas irmãs."

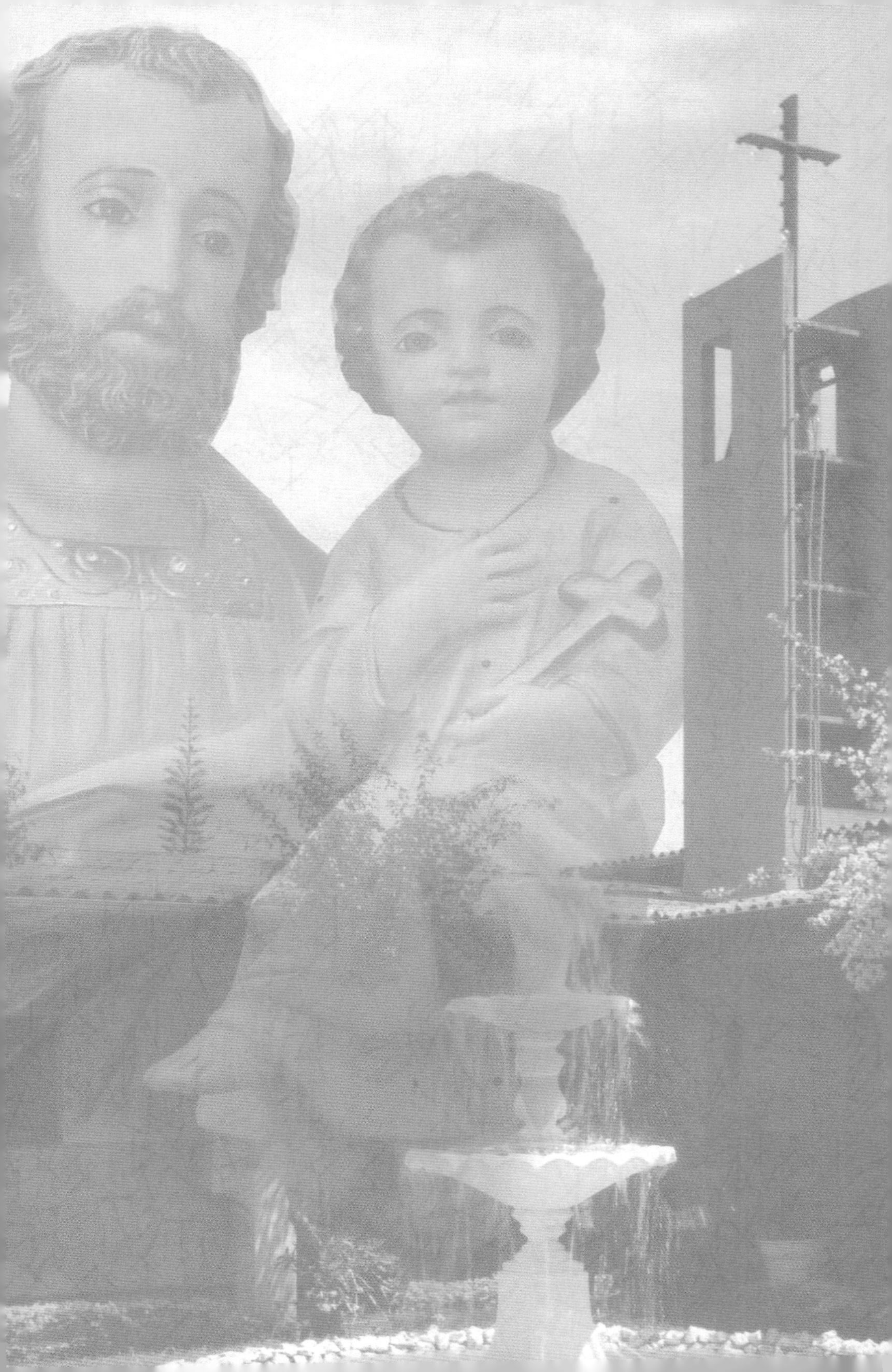

*"Não se acende uma luz para colocá-la debaixo
do alqueire, mas sim para colocá-la sobre o candeeiro,
a fim de que brilhe a todos os que estão em casa.
Assim, brilhe vossa luz diante dos homens,
para que vejam as vossas boas obras
e glorifiquem vosso Pai que está nos céus"
(Mt 15-16).*

A MISSÃO DO CARMELO SÃO JOSÉ

Uma lâmpada no candelabro

O Carmelo, como desejava Santa Teresa d'Ávila, deveria estar no centro das cidades, para que fosse fermento e luz na Igreja e na comunidade. Ela não queria carmelos escondidos, mas bem situados. Assim, o carmelo de Três Pontas lentamente se tornou uma luz para a cidade, para os outros carmelitas, e um centro de formação para os jovens carmelitas, que durante as festas iam até Três Pontas para passar alguns dias cuidando e ajudando na liturgia, nos cantos. Três Pontas foi e deve continuar a ser um sinal de comunhão e unidade para todos. Um carmelo que vive com amor a sua vida carmelitana, na liberdade do amor. Um carmelo que tem amor às leis, às *Constituições*, ao estilo de vida carmelitano, mas que sabe, antes de tudo, valorizar as qualidades humanas e o bom senso na leitura dos sinais dos tempos.

Muitas vezes Nossa Mãe relembra a "fria" acolhida do bispo de Campanha no seu primeiro encontro com ele, mas depois ela viu nisso que o Senhor tinha outros projetos e que não queria o carmelo em Campanha, mas sim em Três Pontas, na entrada da cidade, como porta de esperança e de alegria, onde as monjas, desde o silêncio da oração, dão as boas-vindas a todos os visitantes e habitantes que saem e voltam do trabalho.

Bem festiva foi a festa dos 80 anos da Nossa Mãe. Os carmelitas estiveram presente em peso.

Fico muito feliz, pois meus dois grandes amores da terra, minha família de sangue e minha família religiosa, estão bem presentes nos louvores diários que cantamos com muito amor.

A visão da Nossa Mãe sobre a vida é sempre de esperança. Ela é consciente dos seus 80 anos e não despreza, como também faço eu, a palavra "velho", sinal de vida, de experiência e de amor. É a hora de deixar os outros agirem; é a hora de deixar que nos sirvam; muitas vezes, é a hora do silêncio, da paciência e do amor silencioso, mas não menos fecundo.

Agora, volto a 1995, quando fui muito festejada por minhas duas queridas famílias, a de sangue e a religiosa, pelos meus 80 anos. Logo após essa festa, em fevereiro de 1996, percebi um carocinho no meu seio. Vi, entreguei a Deus e calei-me. Pensei: já sou velha, isso é um presente de Deus pelos meus 80 anos, Ele cuida de tudo em mim. Como não cuidará disso agora? Diariamente, desde meus primeiros anos de vida, religiosamente rezei junto à imagem de nosso Pai São José; pedia e peço principalmente por minha família. Diante desse acontecido, comecei a rezar todos os dias junto dele: "São José, guarda a modéstia de meu corpo, como guardaste a de Maria". E a vida continuou.

"Tudo é graça! Como Deus é bom!"

A MISSÃO DO CARMELO SÃO JOSÉ

Teresa faz tudo bem
Prova-o o carmelo de Três Pontas

Os teólogos que examinavam os livros de Santa Teresa d'Ávila diziam: "Eu não conheci Teresa, mas pelas suas filhas sei quem ela era". Essa expressão, podemos aplicá-la ao carmelo de Três Pontas, onde a irmã Tereza Margarida marcou, com sua presença, um estilo de vida alegre, uma experiência de amizade, de abertura, um querer caminhar com a Igreja e com o Carmelo. O mosteiro de Três Pontas é uma porta aberta para todos, que educa o povo à simplicidade, à amizade e ao respeito da clausura.

A caminho do definitório extraordinário da Ordem, em São Roque, antes do início chegaram vários carmelitas para conhecer um pouco o Brasil. Deixemos que Nossa Mãe nos conte como foi a passagem dos frades que iam para o definitório em São Roque pelo carmelo de Três Pontas. É um conto delicioso!

> Lembrei-me de uma coisa que me deu muita alegria espiritual. Foi em 1995 quando passaram aqui em casa uns oito ou nove padres, nossos irmãos, vindo da Europa para a reunião especial que ia se fazer em São Roque (SP) nosso Centro Espiritual. Era um domingo; eles, guiados por frei Patrício, iam visitar São João Del Rei, Ouro Preto etc., e pararam por aqui, para pernoitar. Frei Patrício telefonara antes, pedindo-nos esse favor, e nós aceitamos com muita alegria, sentindo-nos honradas com isso. Chegaram à tarde de um domingo, celebraram, jantaram e foram descansar. Era a confusão das línguas, ninguém se entendia. A nossa portaria acomodou a todos. Pela manhã, após a missa concelebrada por todos, o ambiente mudou. Entraram na clausura, tomaram uma boa refeição matinal, e o ambiente ficou outro. Todos nos entendíamos, apesar de línguas e nacionalidades diferentes. Era a

alegria de uma verdadeira fraternidade. Espalharam-se pela casa, foram ao quintal, e se ouviu esta frase: "Aqui parece o céu".

Foi pedido a eles deixar uma palavrinha em nosso livro diário, o que eles fizeram com boa vontade. O frei Flávio Caloi escreveu o seguinte: "Teresa (Santa Madre) fez tudo bem, prova-o o carmelo de Três Pontas". Essa frase encheu meu coração de muita alegria, pois vi nela a confirmação e a resposta de um pedido meu à querida Santa Madre, no dia em que completei 67 anos e lembrei-me que ela partiu para o céu aos 67 anos. Na minha oração diária, junto à sua imagem, eu lhe pedi: "Mãezinha, faz em mim, por mim, o que farias se tivesses vivido mais nesta terra". Para mim, foi uma resposta dada para minh'alma, pois a ninguém havia falado isso. E foi um irmão vindo de longe que escreveu esta frase! Como Deus é bom! Como é bom amá-lo! Como é bom descobri-lo nas grandes e pequenas situações, e adorá-lo, e agradecer-lhe! Eu procuro que essa seja minha atitude contínua.

O espírito de Nossa Mãe é atento a Deus e aos outros. Ela sabe como formar; não significa impor leis, mas formar convicção, que lança raízes no coração para saber resistir a todas as tempestades da vida. São João da Cruz diz: "Uma árvore sozinha no descampado cai na primeira ventania; mas uma árvore da floresta, apoiando-se às outras árvores, não cai. Assim é uma pessoa sem amigos; se cair, como se levantará?".

Muitas vezes, ao passar por Três Pontas, ela me tomava pela mão e, no caminho para sala das reuniões ou depois, ela me sussurrava o que seria importante dizer. Nós dois nos entendíamos sem palavras. Tínhamos uma empatia. Ela, santa, e eu, pecador, nos ajudávamos reciprocamente.

O grande desafio de hoje não é a teologia da vida religiosa e contemplativa, mas a formação, esse saber não impor a "fôrma", mas que a pessoa saiba dar-se uma fôrma, vendo como se vive.

Os monges no deserto não tinham noviciado, mas o jovem que queria ser monge era confiado a um monge mais velho. E, sem dizer nada, um belo dia lhe era perguntado: "Você quer esta vida?". E, se o monge respondesse que "sim", fazia logo a sua profissão; se respondesse "não", voltaria para a sua casa.

Eu chamava e chamo a irmã Tereza Margarida de "minha mãe e minha mestra". Na sua escola, aprendi muito. Ela me abriu a cabeça e o coração para ser mais humilde, dócil e saber ler os sinais dos tempos. O seu silêncio era escuta, a sua palavra era oração, a sua vida era profetismo.

"Senhor Jesus, dai-nos a graça de vivermos despertas aos chamados contínuos de vosso coração que nos dá amor e pede-nos amor. Amém."

"A nossa vida neste mundo tem que ser uma busca contínua de Jesus, Maria, José e todos os nossos amigos do céu. Estamos aqui nesta terra só de passagem. A nossa verdadeira pátria está lá no céu. Então, não percamos esse tempo tão precioso que vivemos na terra."

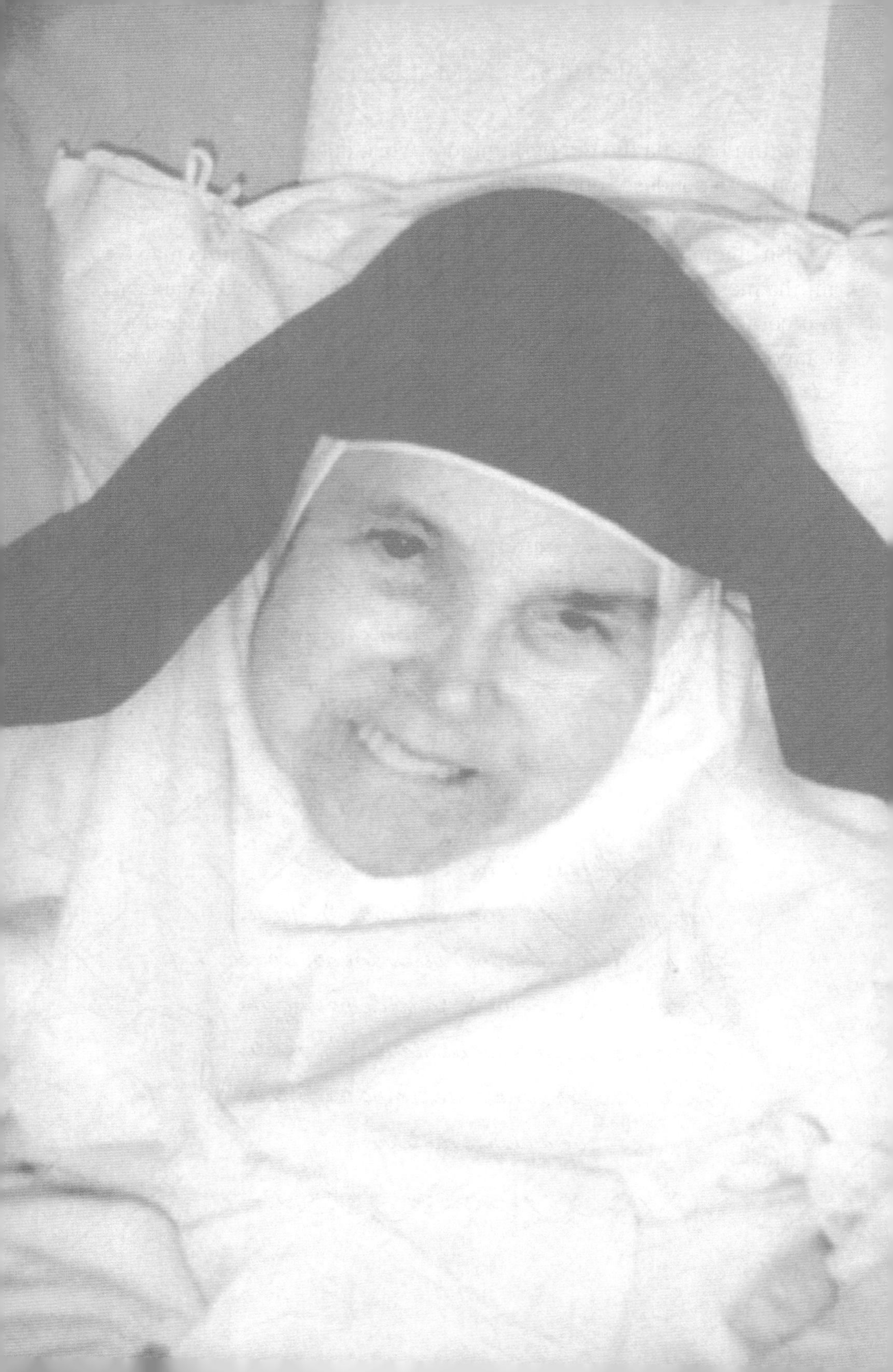

A DOENÇA

Os santos são cabeçudos

A morte chega, às vezes a galope, mas na maioria das vezes ela avisa: são sinais da idade, da doença, do mal-estar generalizado. É o Senhor que nos quer dizer: "Prepara-te". É verdade que devemos estar sempre preparados para quando ele chamar. Mas há também tempos em que essa preparação é mais urgente. É verdade que Nossa Mãe era humilde, mas também tinha a capacidade de se impor e, quando batia o pé, não arredava com facilidade. Assim são os santos. Assim foram Santa Teresa e João da Cruz. E o foram em certos momentos todos os que tomam uma certa determinação de se doarem a Deus, à Igreja e ao Carmelo sem reter nada para si mesmos. Assim foi também Santa Teresinha.

O ano de 1997 foi aquele em que Teresinha foi proclamada doutora da Igreja, e Nossa Mãe estava sentindo-se fraca de saúde, mas não de espírito. Ela mesma nos vai dizendo como reagiu a essa situação:

> Levantei-me mais cedo, pois fazia minha hora de adoração, de quatro e meia às cinco da madrugada. Jesus estava exposto pela novena de Nossa Senhora Aparecida. Nessa hora senti as primeiras dores, mas julguei que nada fosse e que passaria. Ao sino de cinco horas, no início da oração de laudes com a comunidade, vi logo que não poderia continuar. Fiz um sinal à ir. Regina, que presidia o Coro, e saí, e... Caí na nossa cadeirinha verde. Vi ainda chegar junto de mim ir. Ana Lúcia e depois perdi

os sentidos. Nada mais vi nessa manhã, por isso nada posso contar. Só me lembro de dar conta de mim na parte da tarde.

Jesus começou nessa manhã um outro período de minha vida, tomando mais conta de mim, cercando-me de mais carinhos, levando-me por caminhos inesperados, caminhos de mais amor, e fazendo-me viver numa entrega total. Ele cuida de mim. Como é grande a sua misericórdia! Como é bom amá-lo e deixar-se amar!

Irmã Vânia e ir. Regina, com as irmãs, todas boníssimas, cuidaram da festa da profissão solene de ir. Fátima, e tudo foi feito com amor e perfeição. No dia 12 de outubro, eu assisti à cerimônia, na cadeirinha verde (minha companheira), no antecoro. Tudo foi lindo! Eu estava feliz. Na tarde do dia 10, lembro-me de dr. Aloisio e dr. Mário na enfermaria, junto a minha cama, mas nem sabia direito onde eu estava. Jesus quis ainda que eu melhorasse e voltasse à minha vida normal.

No dia 19 de outubro, Dom João veio passar conosco seu aniversário – era o grande dia da proclamação do doutorado de nossa querida Santa Teresinha. Os nossos padres da cidade, que tinham vindo festejar conosco Santa Teresinha no dia 30 de setembro, numa belíssima missa, no jardim do claustro, convidaram-nos a irmos, na missa da noite, no dia 19, na Matriz. Pela primeira e única vez, pedi e insisti firme com ir. Vânia para irmos à Matriz, atendendo ao convite de nossos padres. Disse a ela e à comunidade: "É um caso único, de muita importância e solenidade, que certamente não se repetirá". Ir. Vânia aceitou meu pedido, dando às irmãs a liberdade de irem se assim desejassem. Poucas ficaram em casa e tudo assistiram pela televisão. Dom João também, pela única e primeira vez, celebrou essa missa. Foi tudo muito bonito. Santa Madre, Santo Pai João da Cruz e nossa Teresinha devem ter tido uma alegria a mais no céu.

A DOENÇA

São momentos muito delicados na vida de Nossa Mãe e da comunidade. Nossa Mãe preparou com esmero, dedicação e apoio a fundação do carmelo de Patos de Minas, da qual ela não participou, mas várias irmãs foram. Foi uma festa bonita, cheia de esperança, em que a presença materna de Nossa Mãe esteve em toda a celebração.

Como é bela a fundação de um carmelo! Eu sinto no coração a alegria de ter ajudado vários carmelos a nascer; é uma paternidade-maternidade que se experimenta.

"A oração que deve brotar do coração cheio de amor por Deus percorre o mundo todo e não se cansa nunca de rezar e de amar."

Celebrando a sua eucaristia

São Paulo apóstolo, na Carta aos Romanos, diz: "Eu vos exorto, pois, irmãos, pela misericórdia de Deus, a oferecerdes vossos corpos em sacrifício vivo, santo, agradável a Deus: é este o vosso culto espiritual" (Rm 12,1).

Todos nós participamos do sacerdócio comum de Jesus Cristo mediante o nosso batismo, e somos chamados a celebrar a nossa eucaristia no altar da vida, oferecendo o nosso corpo.

Acompanhando as últimas páginas do diário de Nossa Mãe, percebemos nela uma "serena aceitação" da sua enfermidade. Não é voltada sobre si mesma, não é uma atitude de vitimismo, mas sim uma atitude de holocausto, que quer consumir-se totalmente e com alegria no altar do Senhor, silenciosamente, sem perturbar a comunidade, sem fazer pesar sobre os outros o sofrimento pessoal.

Santa Elisabeth da Trindade escreve que é do castelo do sofrimento que se compreende o amor a Jesus crucificado. Nossa Mãe, no altar do sofrimento, era uma oferenda serena para o bem da Igreja, do Carmelo e de cada uma das suas irmãs. Nossa Mãe sente-se serena, mas ao mesmo tempo reza com amor uma oração que eu gostaria de fazer no fim da minha vida e que todos nós deveríamos aprender para ir de cabeça erguida ao encontro de nossa morte "corporal". Rezar essa oração não pode fazer mal a ninguém: "Ó meu Jesus, mostra o que eu tenho... Eu aceito qualquer tratamento".

Nossa Mãe fala com muita discrição, quase com pudor, de sua doença; mas, ao mesmo tempo, com sinceridade para as irmãs e os médicos. Porém, com os parentes e amigos que querem saber suas notícias, "minimiza" tudo e passa a ideia de que tudo é leve, embora ela saiba que não é assim. Nesses momentos, enquanto sua saúde permite, ela nunca deixa a sua oração e os atos comunitários.

A DOENÇA

As irmãs todas, sem exceção, cuidam dela como um vaso precioso de perfume, para que não se rompa. Tenho a certeza de que muitas vezes deve ter pensado na "Chama viva" do Santo Padre João da Cruz:

> Oh! chama de amor viva
> Que ternamente feres
> De minha alma no mais profundo centro!
> Pois não és mais esquiva,
> Acaba já, se queres,
> Ah! rompe a tela deste doce encontro.
>
> Oh! cautério suave!
> Oh! regalada chaga!
> Oh! branda mão! Oh! toque delicado
> Que a vida eterna sabe.
> E paga toda dívida!
> Matando, a morte em vida me hás trocado.
>
> Oh! lâmpadas de fogo
> Em cujos resplendores
> As profundas cavernas do sentido,
> — Que estava escuro e cego —
> Com estranhos primores
> Calor e luz dão junto a seu Querido!
>
> Oh! quão manso e amoroso
> Despertas em meu seio
> Onde tu só secretamente moras:
> Nesse aspirar gostoso,
> De bens e glória cheio,
> Quão delicadamente me enamoras!

"NOSSA MÃE" MADRE TEREZA MARGARIDA: O SORRISO DE DEUS

"Rompe a tela deste doce encontro": os místicos, diria São João da Cruz, não morrem, explodem por dentro pela força do amor.

"Jesus chamou-me para celebrar com ele a minha missa na Montanha do Carmelo. Minha missa só vai acabar no dia em que, abrindo as cortinas do céu, os anjos me dirão: 'Vinde, bendita de meu Pai, deixa sua missa perder-se na sinfonia do louvor eterno, na missa eterna onde o Amor realiza seu ideal: amar eternamente'. Amém! Aleluia!"

A DOENÇA

Testamento espiritual[1]

Falei da doença, mas agora quero falar daquilo que Jesus fez em mim e continua fazendo. Parece-me que morri e que ele só está vivendo em mim. Bondade, misericórdia dele, que olhou a pequenez da sua serva. Desde outubro de 1997, quando eu tive uma cólica de rins, com febre altíssima, delirando, senti-me outra pessoa. Algo em mim, imperfeito, difícil, tinha morrido. Soube, depois de muito tempo, que naquele delírio da febre eu falei algo, que mostrava Jesus muito perto de mim e a beleza do céu presente a meus olhos. Ó meu Deus amado, como sois bom e cheio de misericórdia para esta vossa criaturinha! É por isso que eu digo: esta doença foi doença divina... E "morte em vida trocou-se para mim... E toda a dívida paga".

Como é bom estar nas mãos, no coração de nosso Deus! Como saboreio o seu amor, a sua ternura! Sinto-me rodeada de carinho de todos os que me cercam; sinto que amo a todos e que tudo isso vem e vai para Deus. Posso falar com liberdade do amor gratuito de Deus por mim e que tudo é para a glória dele. O amor de Deus Trindade tomou-me toda. A minha intimidade com a Trindade tornou-se tão diferente! Tão profunda! Tão íntima! Amo tanto todas as irmãs! O pessoal que vem às nossas missas, enfim, todos os que se aproximam de mim. Digo e sinto a verdade do que digo: o voto de castidade nos dá a liberdade de amar, porque amamos todos com o único amor de Deus, a quem nós nos entregamos, e ele se entregou a nós. Tenho tanta pena, mas tanta pena dos pobres, dos encarcerados, dos pobres sem família, sem amor! Sempre tive isso, mas agora é diferente.

---

1. Texto de madre Tereza Margarida. [N. do E.]

Uma grande graça que recebi nesta doença foi a alegria e o costume de rezar o rosário diariamente. Foi assim: nos princípios as noites eram muito más. Eu sempre pensava que, depois de minha morte, eu queria passar o meu céu como Santa Teresinha, fazendo o bem sobre a terra. Um dia, eu julguei sentir que Deus me queria na eternidade, ocupada só em adorá-lo. Então, pensei o seguinte: vou fazer minha tarefa missionária nesta terra. E comecei a fazê-la assim: nos mistérios gozosos, no primeiro terço, agradeço e louvo a Deus pelo aniquilamento de Jesus no seio de Maria, em Belém, em Nazaré, no Egito; e rezo por todas as religiosas, que pelo mundo inteiro estão gerando almas para o céu, quer nas missões, quer nos colégios, hospitais etc., e por aquelas que eu prometi rezar. Nos mistérios dolorosos, no segundo terço, eu agradeço a Jesus tudo que ele sofreu por nós – beijo suas chagas (espiritualmente) e rezo por todos os sacerdotes, desde o santo padre até o menor dos seminaristas. Peço a Jesus mergulhá-los no seu precioso sangue, dando-lhes forças, guardando-os do mal, principalmente aqueles pelos quais somos mais obrigados a rezar. Nos mistérios gloriosos, no terceiro terço, é a festa de ação de graças, do louvor. Convido todas as belezas e maravilhas do céu e da terra, todos os anjos e santos do céu, todas as almas santas da terra, todas as almas do purgatório para louvar comigo a Santíssima Trindade.

Assim eu começo o meu dia – quando as irmãs descansam mais de manhã –, e isso é justo e bom, porque elas trabalham muito; eu, que levanto cedo e não tenho necessidade desse descanso, porque não trabalho como elas, e o hábito de levantar-me cedo já é em mim natural, rezo meu rosário antes do despertar das irmãs. Senão, acabo-o na oração da manhã, com muita alegria e fervor, pois Santa Madre fala que não faz diferença entre oração vocal e mental. Para mim, as Ave-Marias e os Pais-nossos do terço são como um fundo musical, enquanto minh'alma está no mistério que contemplo. E sinto que a minha Trindade amada está contente e rezo por toda a nossa amada Igreja.

A DOENÇA

Jesus toma conta de mim e pede-me pequenos sacrifícios o dia inteiro – um olhar curioso, uma pergunta que não é necessária; pede-me principalmente delicadeza, carinho para as filhas, interesse pela saúde de cada uma, interesse amigo pela família de cada uma. Meu coração se alarga para amar mais e melhor. Sinto que o voto de castidade, consagrando a Deus o nosso ser, dá-nos mais capacidade para amar em Deus e para Deus. Sofro bastante com os que sofrem e rezo, rezo... E digo a Jesus: Por que o mundo inteiro não vive para amar? Todo o mal deste mundo é a falta de amor; e, no entanto, Deus nos criou à sua imagem e semelhança, e... Ele é Amor.

"Vamos conquistar almas para o céu, ofereçamos a Jesus nossos pequenos sacrifícios de cada dia."

A minha alma glorifica o Senhor

Contei mais de cem vezes a palavra alegria nos escritos de Nossa Mãe, depois me cansei de contar e parei. Tudo para ela era motivo de alegria: a sua família, os seus irmãos, as pessoas que vinham visitar o carmelo, as vocações, a união entre calçados e descalços, o surgimento de vocações, a passagem de alguém que queria fazer "uma parada na viagem entre Belo Horizonte e São Paulo". Todos sabiam que em Três Pontas sempre teria uma comidinha bem feita, uma cama para repousar, uma igreja para rezar e uma comunidade para acolher e passar algumas horas de alegria carmelitana.

Uma das últimas alegrias de Nossa Mãe foi ver nascer em Três Pontas a Ordem Secular do Carmelo Descalço (OCDS). À sombra de cada carmelo deveria sempre nascer a Ordem Secular. São pessoas que, vivendo o mesmo carisma, vão "tapeteando o Brasil" com a espiritualidade do Carmelo. Levam aos lugares de trabalho, aos lares, a todos os ambientes a espiritualidade dos santos do Carmelo. Nossa Mãe mais uma vez sente no seu coração a chama viva da gratidão. Agradece por tudo e, no seu coração, há uma certeza: a obra que Deus iniciou por meio dela ia continuar com suas filhas e filhos espirituais, não só no carmelo de Três Pontas, mas no Brasil, e, se Deus quiser, no mundo, sendo proclamada santa pela Igreja – que, aliás, já reconheceu as suas virtudes heroicas no dia 20 de maio de 2023.

*"Que eu viva o meu dia a dia à luz da eternidade,
para que minh'alma seja, um dia,
uma transparência de vossa luz,
uma manifestação de vossa presença,
e mereça, por vossa misericórdia,
ouvir o apelo supremo,
o vosso chamado de amor."*

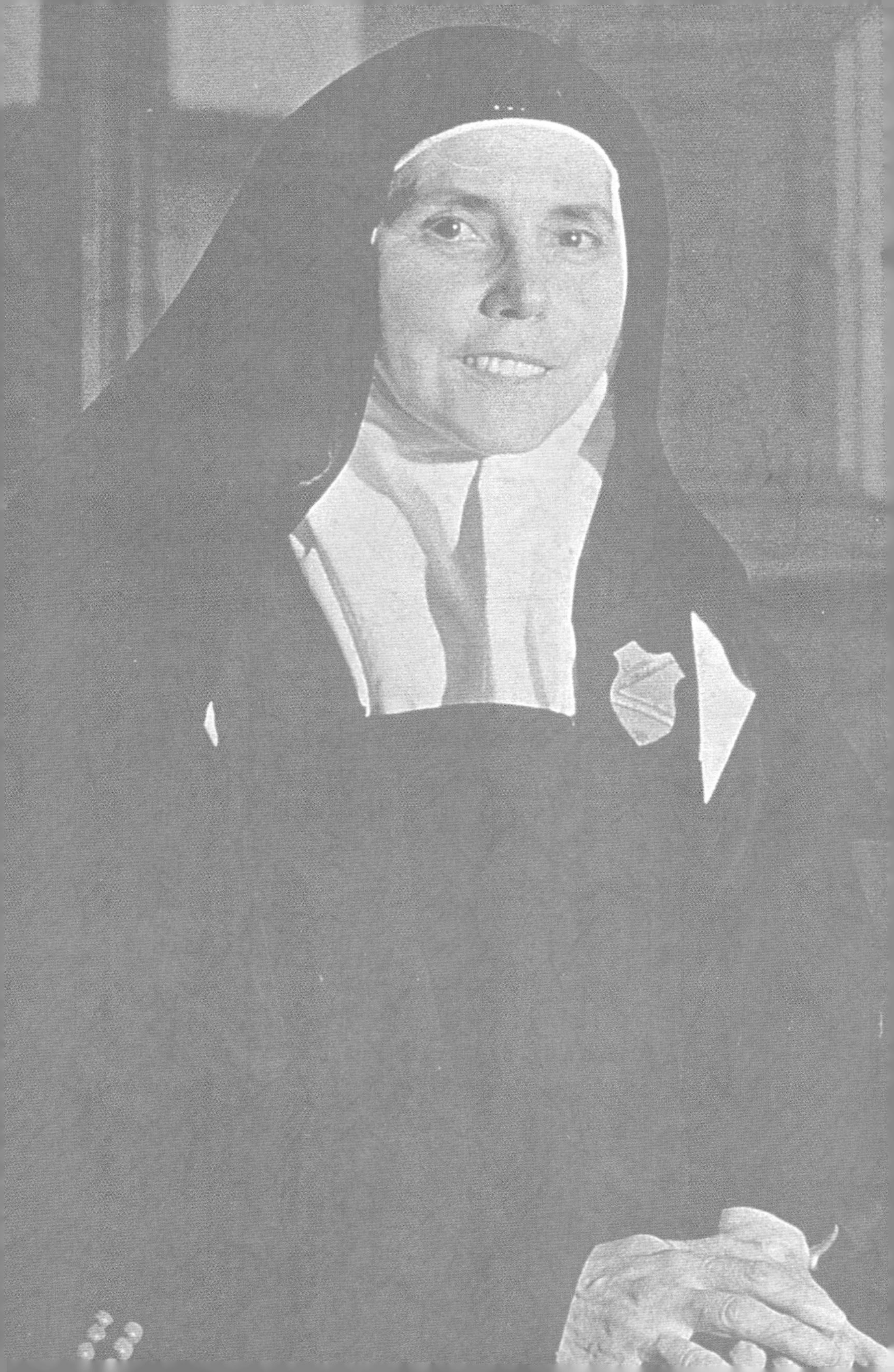

"Com amor sempre se acha um jeitinho de entrar nos corações mais fechados."

NOSSA MÃE FORMADORA

Nos últimos tempos de sua vida, ela, como zelosa e competente jardineira, cuidou do noviciado, acolheu postulantes e formou sacerdotes e seminaristas. Possuía a arte de formar, era como chuva mansa que faz amolecer a terra mais dura e germinar as flores mais belas. Escreveu uma página de ouro sobre a formação. Não frequentou nenhuma universidade de sociologia, nem creio que tenha lido muitos livros, mas leu o livro Jesus, no qual aprendeu essa arte delicada. Passou toda a sua vida educando as jovens carmelitas, desde Mogi das Cruzes até Aparecida, Santos, Três Pontas... Era a sua vocação. Como boa pastora, caminhava à frente, no meio e atrás, mas sempre com o olhar vigilante, para ver se as "ovelhinhas" estavam seguindo. Nessa sua missão, várias vezes sentiu a presença do "inimigo", como ela dizia; eu diria, em palavras mais claras, do "demônio", que não gosta de Deus e nem dos amigos de Jesus; sua missão é tentar, mas a missão dos santos é vencer o demônio com a oração, a penitência e a humildade.

Nossa Mãe viveu, desde os primeiros anos de sua vida carmelitana, "noites escuras". E na noite ela soube viver de fé, sem alardes, sem gritaria, esperando que a noite passasse para retomar o caminho – noites que foram se atenuando com momentos de profunda comunhão com Deus, de intimidade com Cristo Jesus, de graças místicas, de toques do Espírito Santo. Ela sempre acolheu tudo isso sem "propaganda" e sem esconder, mas buscando a verdade. A humildade, como diz Santa Teresa, é a verdade... Uma verdade que se faz luz quando menos esperamos e que se esconde quando Deus quer.

Vou falar agora de um assunto que toca muito à formadora, a mestra de noviças:

Eu, talvez por ter começado muito cedo a estar junto das noviças e postulantes, errei muito. Como ajudante do noviciado, eu era muito severa, talvez aproveitando da confiança e da amizade que tinham por mim. Arrependo-me e deixo aqui o que aprendi errando: é preciso que a mestra e aquelas que têm contato mais próximo com as principiantes tenham por elas respeito e amor. Elas vão aprender mais com nosso exemplo do que com nossos ensinamentos. E essa atitude nas formadoras deve ser igual para todas, desde as postulantes até aquelas que já estão nos últimos dias de formação. Deve-se ter com elas energia e muita sinceridade, mas não dispensando a delicadeza. Essa franqueza – em repreensões justas e merecidas – pertence mais à mestra, que é a principal encarregada da formação espiritual. A mestra nunca deve arrasar uma formanda, dizendo-lhe, por exemplo, que ela age por orgulho ou que é por obra do demônio que ela está agindo. Pode e deve alertar a formanda das tentações do espírito do mal, que sempre é astucioso, mas isso com delicadeza, conforme a abertura da sua formanda. A mestra deve tratar a todas igualmente, com a atenção que cada uma merece ou necessita. Deve fazer tudo para que exista muito amor entre elas. Quando há uma amizade menos boa entre uma ou outra, percebe-se logo. A mestra deve também estar atenta a isso. A mestra nunca deve repreender uma noviça sem primeiro interrogá-la, porque às vezes há atitudes que parecem erradas e na verdade não o são. A mentira deve ser rechaçada da vida religiosa desde a primeira formação, e a mestra deve mostrar-se intransigente nesse ponto. Cuide muito a mestra da vida espiritual, animando os bons desejos das principiantes, procurando com muito carinho acender e afervorar nos seus corações o amor, a confiança em Deus, em Nossa Senhora, em

Nosso Pai São José, em nossos santos fundadores e demais santos e beatos, cujas vidas edificantes nos fazem tanto bem. Não se esquecer do grande profeta Elias; e que seu grito – "Eu me consumo de zelo pelo Deus dos exércitos" – ressoe também no coração de nossas formandas, para que elas amem o Carmelo com tudo o que ele tem de rico, de santo, de belo. Porque "no coração da Igreja, nossa Mãe, nós também queremos ser o amor", na nossa vocação de orar, de nos imolar pelas almas, em especial dos sacerdotes, chamados a serem o sal da terra, a luz do mundo, outros Cristos.

Perdão por ter me estendido tanto neste assunto. Sou uma apaixonada por nossa vocação e pelas jovens que nos procuram com este ideal.

A autobiografia de Nossa Mãe, que um dia, sem dúvida, será publicada, continua a sua ladainha de ação de graças, de agradecimentos. E as palavras que repete sem cessar, quase como se fosse uma resposta à ladainha sem fim, são: "Agradeço a todos e todas; rezo por todas e todos". Neste "todos", sentimo-nos todos incluídos. Era essa a sua visão da vida: inclusão, e nunca exclusão.

"Nunca nos cansemos de procurar crescer no amor e no zelo para salvar almas. Jesus tem sede de amor, e é nosso desejo saciar-lhe a sede. Estamos aqui no Carmelo para isso."

O Brasil, o mundo, o Carmelo seriam mais pobres

O mundo seria mais pobre sem os escritos dos místicos, das pessoas que Deus suscita em seu meio. E o Brasil, o mundo e o Carmelo seriam mais pobres se um dia o padre Paolo Lombardo não tivesse dito, com amor e com uma certa energia, à Nossa Mãe: "Escreva a sua autobiografia". E ela, obediente e simples como sempre, pegou caneta e papel e começou a narrar as maravilhas de Deus. Isso aconteceu com Santa Teresa d'Ávila, Santa Teresinha e com tantos outros santos. São riquezas que Deus não quer que fiquem escondidas no coração humano. Quantas pessoas Santo Agostinho tem convertido com as *Confissões*! E quantas almas têm encontrado a paz interior com a *História de uma alma* de Santa Teresinha! Estou convencido de que muitos brasileiros, antes de tudo em Três Pontas, que tiveram contato direto com Nossa Mãe sentiram no próprio coração o desejo de não se cansarem de fazer o bem, de não perderem a coragem diante das dificuldades, de permanecerem sempre atentas aos sinais de Deus... E um dia essa autobiografia ou outros escritos traduzidos em outras línguas suscitarão vocações e ajudarão as pessoas a descobrir que a vida, mesmo que seja, como diz Santa Teresa d'Ávila, "uma péssima noite num péssimo albergue", é mais bonita e alegre do que triste. A vida não é somente *via crucis*, tem horas de festa, como nas bodas de Caná da Galileia, nas quais Jesus caminha conosco.

> Agora, quero expressar um agradecimento especial ao pe. Paulo, postulador da causa de nosso padre Victor, que se tornou um grande amigo e irmão de nossa comunidade e, ainda, benfeitor. Ele pediu-me para escrever minha vida. Por quê? Não sei. Mas

sei que ele me fez um grande benefício: escrevendo minha vida, coisa que eu nunca pensei em fazer, eu pude contar e cantar as misericórdias do Senhor para esta pobre criaturinha, que quantas vezes o ofendeu e quantas vezes foi perdoada e cumulada de graças por sua bondade infinita!

Ó meu Deus Amor, ó meu Pai e Senhor, Esposo amado e divino, que sois só ternura, como é bom vos amar e confiar em vós!

"Ó chama de amor viva, que ternamente feres a alma no mais profundo centro! Acaba já, se queres! Rasga a tela de tão doce encontro."

Mas digo logo: como o Pai quiser, eu quero. Que Jesus viva em mim, e eu desapareça nele.

Agradeço as melhoras que ele está me dando na parte da saúde. Alegro-me com a alegria de todos. Com nossa querida Teresinha falo sempre, especialmente após a comunhão: "Ó meu Deus, Trindade bem-aventurada, a fim de viver num ato de perfeito amor, eu me ofereço, como vítima de holocausto ao vosso amor misericordioso, suplicando-vos de me consumir sem cessar, deixando transbordar em minha alma as ondas de ternura infinita que são reprimidas em vós; e que assim eu me torne mártir de vosso amor, ó meu Deus. Eu quero, ó meu Deus amado, em cada pulsação de meu coração, renovar este meu oferecimento um número infinito de vezes, até que, as sombras estando dissipadas, eu possa repetir o meu amor no face a face eterno. Amém". Assim seja!

Ó Maria, ó Mãe amada, Mãe da misericórdia, fechai-me nas vossas mãos, no vosso coração. Peço-vos sempre o que pedi nos meus primeiros dias de postulante: "Que vosso coração seja o lugar da união de Jesus com a pequenina Tereza Margarida". Amém! Assim seja!

"A nossa alma é a pomba
que, saindo das mãos de Deus, procura aqui e ali
um lugar para descansar. Depois de muito procurar, acha a
alegria de amar e volta para Deus
com o raminho da esperança.
Esperança de amar e gozar um dia de seu Deus:
aqui na terra, na contemplação;
lá no céu, na vida beatífica."

A MORTE E O PROCESSO DE BEATIFICAÇÃO

Morreu Nossa Mãe

A doença de Nossa Mãe não ficou escondida para o povo, e todos queriam saber notícias. Uma oração constante do povo, dos carmelos, subia ao céu, pedindo por Nossa Mãe.

Estava no hospital de Varginha quando chamou pertinho a priora, irmã Vânia, e disse-lhe: "Não deixe que me levem para longe do carmelo".

"Como é bom estar nas mãos de Deus." Essa comunhão profunda com Cristo nunca deixou de estar presente nos sofrimentos e na morte que se aproximava... Morre-se como se vive. A melhor maneira para morrer bem é viver bem; então, não devemos temer o juízo do nosso Deus misericordioso, que através de Jesus nos tem dito:

"[...] Porque tive fome e me destes de comer. Tive sede e me destes de beber. Era um estrangeiro e me acolhestes. Estava nu e me vestistes, doente e me visitastes, na prisão e me viestes ver".

E lhe responderão os justos: "Senhor, quando foi que te vimos com fome e te demos de comer, ou com sede e te demos de beber? Estrangeiro e te recolhemos? Nu e te vestimos? Doente ou na prisão e fomos te visitar?" O rei responderá: "Eu vos declaro esta verdade: cada vez que fizestes isso a um dos menores desses meus irmãos, a mim o fizestes" (Mt 25,35-40).

"NOSSA MÃE" MADRE TEREZA MARGARIDA: O SORRISO DE DEUS

Nossa Mãe teve fome e sede de Deus e se preocupou em repartir com o povo o pão de cada dia e o pão da palavra do Senhor.

Ela quis ficar perto do povo e pediu para ser enterrada no cemitério municipal. O povo começou a ir para rezar sobre o túmulo de Nossa Mãe, colocar flores e pedir graças... Era o sinal do céu de que a passagem sobre a terra dessa sua "serva fiel e boa" não devia desaparecer, mas, com o tempo, aumentar.

*"Desejo o céu. Quero ir para lá.
Suspiro pelo céu, onde nunca, nunca vos ofenderei.
Aqui, o meu corpo de morte e de pecado me fazem temer,
me levam a vos ofender.
Jesus, vamos para o céu. Vamos."*

A MORTE E O PROCESSO DE BEATIFICAÇÃO

Voto de tender à perfeição da caridade fraterna

Estamos no ano de 1946. Nossa Mãe tem 31 anos. Estamos no domingo do Bom Pastor, e ela renova os seus votos nas mãos de sua priora. A sua alma é cheia de ternura e de agradecimento pela ressurreição de Jesus, a vitória sobre a morte. O Bom Pastor é o símbolo do amor missionário e pastoral de Jesus, que conhece as suas ovelhas, as chama pelo nome, as orienta para pastagens viçosas e as guia pelos prados refrescantes.

Quantas vezes irmã Tereza Margarida deve ter meditado o Salmo 22 – "o Senhor é o meu pastor"! Ela sempre buscou o autêntico escondimento para dar espaço não a si mesma, mas a Jesus, centro de toda sua vida.

Sente o desejo de viver ainda com maior profundidade a caridade, o amor, fazendo um quarto voto pessoal, que revela os seus desejos: o voto de tender à perfeição da caridade fraterna, contemplando as santas chagas de Nosso Senhor.

Nesse quarto voto podemos constatar a maturidade de Nossa Mãe. Ela sabe que tudo o que nós damos a Deus é muito pouco, e o que de Deus recebemos tem um valor infinito. Nunca poderíamos dizer o último obrigado e aleluia de gratidão. É um voto que revela a sua alma, os seus desejos e o início de uma "conversão", que a leva a ter graças místicas dentro da normalidade da cotidianidade e do serviço, não o escolhido, mas aquele para o qual a obediência a envia.

Por toda a sua vida, ela terá um extrema atenção em viver a caridade fraterna. Para ela, a pessoa é "sagrada" porque é templo vivo de Deus e merece toda a escuta, a atenção e o respeito pelos seus valores humanos, espirituais e carmelitanos.

A vida carmelitana que ela concebe no seu coração e procura viver é: "poucas leis e muito amor", "poucas determinações e muito carisma". As leis não nos levam à santidade se não forem, como diz Paulo, originadas pelo Espírito Santo. O Carmelo é essencialmente amor silencioso, adorador, que não busca a si mesmo; não é um palco, uma vitrine para se mostrar, mas um serviço para ser fermento, luz e vida.

O centro desse quarto voto é Jesus Cristo e sua humanidade, como Santa Teresa d'Ávila, que se converteu ao contemplar a humanidade de Jesus chagado:

> A minha alma já estava cansada e, embora quisesse, seus maus costumes não a deixavam descansar. Aconteceu-me que, entrando um dia no oratório, vi uma imagem guardada ali para certa festa a ser celebrada no mosteiro. Era um Cristo com grandes chagas, que inspirava tamanha devoção que eu, de vê-lo, fiquei perturbada, visto que ela representava bem o que ele passou por nós. Foi tão grande o meu sentimento por ter sido tão mal-agradecida àquelas chagas que o meu coração quase se partiu; lancei-me a seus pés, derramando muitas lágrimas e suplicando-lhe que me fortalecesse de uma vez, para que eu não o ofendesse (*Vida*, 9, 1).

A irmã Tereza Margarida contempla a humanidade de Jesus nas suas chagas, que são "reproduzidas" pelos pecados da humanidade e os nossos.

Eis a fórmula do quarto voto escrita por Nossa Mãe:

A MORTE E O PROCESSO DE BEATIFICAÇÃO

Eu, a ir. Tereza Margarida do Coração de Maria, em presença de minha Trindade amada, nas mãos de minha Mãe do céu e de minha priora, faço o voto de tender todos os dias à perfeição da caridade fraterna.
Para isso, contando com o auxílio da graça, quero observar estes seis pontos:

1. Unindo-me à cabeça coroada de espinhos de Jesus, não quero consentir num só pensamento contra meu próximo.
2. Chaga da mão direita: Quero nunca recusar um serviço ou pôr dificuldade para executá-lo sem uma causa real.
3. Chaga da mão esquerda: Quero alimentar no recreio o espírito fraterno, reparar por uma oração ou sacrifício o que vir ou fizer contra a caridade.
4. Chaga do pé direito: Quero evitar tudo o que possa causar atrito; não só dominar meu gênio, mas procurar ser pacífica.
5. Chaga do pé esquerdo: Procurar ocultar, reparar as pequenas faltas, esquecimentos, silenciar sempre que não possa elogiar, a não ser que o dever me obrigue.
6. No coração transpassado de Jesus: Quero procurar ser delicada, oferecer-me para ajudar às outras, mesmo quando me custe.

Contando com a misericórdia de Nosso Senhor, quero lá no céu entregar intacto este depósito da caridade fraterna.
(Festa do Bom Pastor – 1946)

Todos os seis pontos se referem à caridade fraterna, que é o centro de todo o evangelho, e ela escolhe sempre o último lugar, o serviço mais difícil – sempre viver em abertura ao outro.

Lendo e meditando esse programa de vida, pode-se compreender melhor toda a vida de Nossa Mãe. O centro é Deus, Jesus e a Virgem Maria, presentes nos irmãos que esperam de nós o amor.

Servir o amor na bandeja de ouro, na regra de ouro do evangelho: "Portanto, tudo o que quereis que os outros vos façam, fazei o mesmo também vós a eles: nisso está a lei dos profetas" (Mt 7,12).

Conhecendo esse voto da caridade, a vida da Nossa Mãe se torna um testemunho autêntico visível do evangelho. Ela consegue ser uma palavra vivente de Deus na história, um evangelho vivo, no qual todas as pessoas que se aproximavam dela percebiam escondido o rosto de Cristo Senhor.

"No relacionamento fraterno, exercite-se na caridade, no serviço, no trabalho, no perdão, na compreensão."

O processo de beatificação

14/11/2005 – À 1h45min, na enfermaria do carmelo, Nossa Mãe entrega sua alma a Deus, contando 89 anos de idade.

06/07/2011 – A Congregação para a Causa dos Santos expede o *Nihil Obstat*, declarando não haver impedimento à introdução da causa de canonização da serva de Deus. Nomeação do postulador da causa: dr. Paolo Vilotta.

26/02/2012 – Exumação da serva de Deus.

04/03/2012 – Abertura do processo de beatificação da serva de Deus.

2012 a 2013 – Trabalhos da comissão histórica

Foram recolhidos, transcritos, digitalizados e arquivados por ordem cronológica todos os escritos da madre Tereza Margarida.

12/05/2013 – Encerramento da fase diocesana do processo de beatificação.

05/09/2013 – Abertura do processo no Dicastério para a Causa Dos Santos.

28/04/2014 – Decreto de validade jurídica.

21/07/2020 – *Positio*.

09/06/2022 – Congresso dos teólogos com votos unânimes favoráveis.

18/04/2023 – Ordinária dos cardeais, bispos e teólogos com votos unânimes favoráveis.

20/05/2023 – O papa Francisco assinou o decreto, concedendo à Nossa Mãe o título de "venerável", ou seja, que viveu em grau heroico as virtudes teologais, cardeais e anexas.

15/07/2023 – Missa em ação de graças pela venerabilidade de Nossa Mãe no santuário Nossa Senhora d'Ajuda.

Mensagem final da missa de ação de graças pela venerabilidade de madre Tereza Margarida

Poderia muito bem a venerável madre Tereza Margarida dizer com Nossa Senhora: "Ele olhou a pequenez de sua serva". Considerando-se tão pequena e humilde, Deus pôde realizar através de Nossa Mãe uma grande obra de santificação.

Durante 43 anos, Nossa Mãe viveu em Três Pontas e aqui se santificou.

Sabemos que a Nossa Mãe enfrentou muitas dificuldades e grandes sofrimentos ao fundar o nosso carmelo São José. Em suas memórias, ela registrou: "Esse carmelo foi construído não com dinheiro, saúde, palavras ou cartas... Mas sim *com o sangue do nosso coração*."

Palavras fortes que demonstram toda a grandeza de sua alma. Alma de fé. Fé inabalável, ancorada sobre a rocha que é Cristo.

A força que a impulsionava a continuar era exatamente a certeza de que essa era a vontade de Deus. São suas palavras:

Enquanto se passavam os acontecimentos, dentro do meu coração brotava e falava esta palavra do evangelho: "Não se acende uma lâmpada para colocá-la sob um alqueire, mas sim para colocá-la num candelabro". Anos depois, vendo a comunidade já formada, o carmelo pronto, Nossa Mãe escreveu: "Sinto que Nosso Senhor está contente, eu sinto a realização daquela palavra longínqua, mas muito clara, que soava no meu coração; certamente era palavra dele".

Nosso Senhor, que vê o que está oculto, viu toda a luta e esforço da Nossa Mãe para cumprir até o fim a sua missão de fundadora, de construir o carmelo, casa de Deus.

A MORTE E O PROCESSO DE BEATIFICAÇÃO

O seu esforço foi coroado por uma palavra interior muito consoladora, que ela ouviu na primeira missa que foi celebrada no carmelo: "Serei bem-aventurada por ter construído esta casa". Esta palavra soa para nós hoje como uma profecia.

Sim, Nossa Mãe é bem-aventurada, não só por ter construído o carmelo São José, mas também por ter vivido as bem-aventuranças e as virtudes em grau heroico, por ter respondido a sua consagração como religiosa carmelita com a máxima perfeição.

Madre Tereza Margarida, juntamente com as irmãs fundadoras, foram acolhidas nesta cidade e neste santuário no dia 15 de julho de 1962. E hoje, 15 de julho de 2023, neste mesmo santuário e em toda a Igreja, é aclamada como venerável.

Com seu grande e generoso coração, logo abraçou esta cidade e este povo trespontano. E esse mesmo carinho continua vivo hoje através de nós, seus filhos, que continuamos a sua obra e guardamos como um precioso depósito o seu legado espiritual. Por isso, fazemos nossas as suas palavras, dirigindo-nos a esse tão querido e amado povo de Três Pontas e a todos aqueles que nos têm ajudado nesta causa:

> O que o Carmelo tem, ele lhe dá: amizade sincera, gratidão, e sua única riqueza – a oração contínua. Ninguém nos contará o seu sofrimento sem que também não soframos e não ponhamos nessa dor o bálsamo de nossa oração. Partilharemos também da alegria de todos os que se alegrarem, e poremos nessa alegria a oração que agradece, porque Deus gosta de ver a gratidão em seus filhos. Enfim, no coração desta já tão querida cidade, o Carmelo rezará sempre pedindo graças, misericórdia... E agradecendo, adorando a Deus, que é tão bom e cerca-nos de tanto amor! Pedimos também que rezem por nós, para sermos fiéis à nossa sublime vocação, que é dupla: imitar e honrar Maria – imolar-se pela Santa Igreja, pelos sacerdotes.

*"Nosso coração é feito para amar.
E nosso amor se transforma em oração."*

Oração para beatificação

Trindade Santa, vós ornastes vossa serva, a venerável madre Tereza Margarida do Coração de Maria, Nossa Mãe, com inúmeras virtudes. Nutria profundo amor a vós e ao próximo, acolhia e escutava a todos que a ela acorriam e, sorrindo, procurava fazer o bem.

Confiando em sua intercessão, peço-vos a graça de que necessito (...). E se for para vossa glória e o bem da Igreja, suplico-vos que ela seja elevada à honra dos altares. Por Cristo Nosso Senhor. Amém!

Glória ao Pai... (3x)

Com aprovação eclesiástica
† Dom Pedro Cunha Cruz,
Diocese da Campanha

Para solicitar material e comunicar graças e favores:

CARMELO SÃO JOSÉ

Rua Amazonas, 40 – Bairro Santa Edwiges
37.185-342 – Três Pontas (MG)

e-mail:causa@beatificacaonossamae.com.br
www.beatificacaonossamae.com.br

MEMÓRIA FOTOGRÁFICA

"NOSSA MÃE" MADRE TEREZA MARGARIDA: O SORRISO DE DEUS

Pais da Nossa Mãe

Nossa Mãe com seus irmãos

MEMÓRIA FOTOGRÁFICA

Basílica Nsa. Sra. do Carmo
Borda da Mata

Pia Batismal

Igreja Santa Cecília – Cruzeiro,
onde fez a Primeira Comunhão

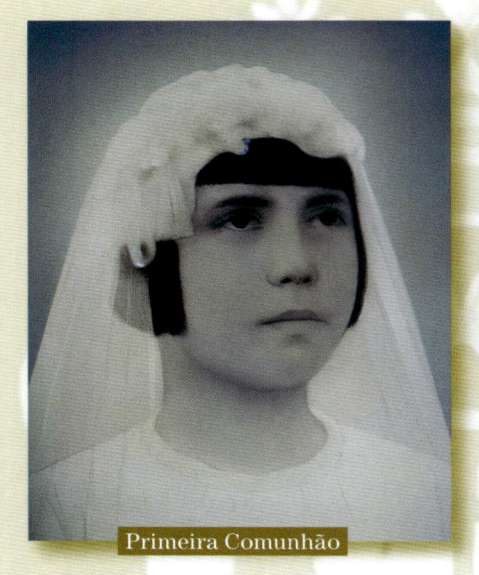

"NOSSA MÃE" MADRE TEREZA MARGARIDA: O SORRISO DE DEUS

Primeira Comunhão

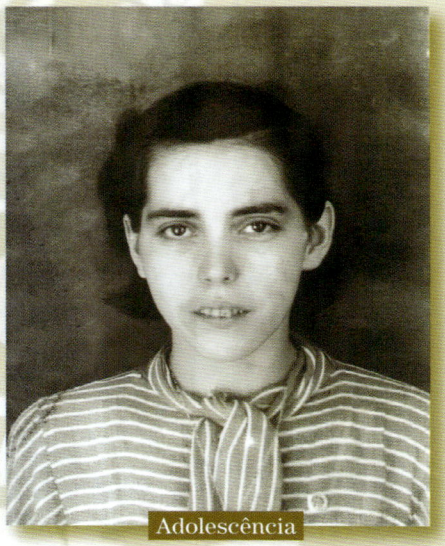

Adolescência

Juventude

MEMÓRIA FOTOGRÁFICA

Residência da família em Cruzeiro-SP

Carmelo de Mogi das Cruzes-SP, onde Nossa Mãe viveu de 1937-1952

"NOSSA MÃE" MADRE TEREZA MARGARIDA: O SORRISO DE DEUS

Carmelo de Aparecida – SP

Nossa Mãe noviça em Aparecida-SP

Despedida do Carmelo de Aparecida 1962

MEMÓRIA FOTOGRÁFICA

Dom João Resende Costa

Mons. João Rabelo de Mesquita

Madre Raymunda

"NOSSA MÃE" MADRE TEREZA MARGARIDA: O SORRISO DE DEUS

Grupo das Fundadoras do Carmelo de Três Pontas

Primeira casa provisória

Segunda casa provisória

MEMÓRIA FOTOGRÁFICA

Construção do Carmelo de Três Pontas

Nossa Mãe com as primeiras noviças

"NOSSA MÃE" MADRE TEREZA MARGARIDA: O SORRISO DE DEUS

Fundação de Patos de Minas – 2000

MEMÓRIA FOTOGRÁFICA

Abertura do Processo - 2012

Capelinha da "Nossa Mãe"

MEMÓRIA FOTOGRÁFICA

Memorial da "Nossa Mãe"

Procissão e Missa em ação de graças pela Venerabilidade.
Santuário Nossa Senhora D'Ajuda

MEMÓRIA FOTOGRÁFICA

Fachada do Carmelo São José – Três Pontas-MG

Claustro – Jardim interno

Edições Loyola

editoração impressão acabamento
Rua 1822 nº 341 – Ipiranga
04216-000 São Paulo, SP
T 55 11 3385 8500/8501, 2063 4275
www.loyola.com.br